Metodología de la programación aplicada a JavaScript

Juan Iruela Lara

ISBN-13: 978-1518873539
ISBN-10: 1518873537

Contenido del Curso

Metodología de la programación

Metodología de la
programación
aplicada a
JAVASCRIPT

Tema 1. Pasos para la resolución de un problema

1. Introducción

2. Algoritmos

3. Lenguajes de programación

4. Ciclo de vida de una aplicación

5. Programación

6. Control de errores

7. Programación iteractiva y por lotes

Objetivos del tema:

En este tema se realiza una breve introducción a diversos conceptos de programación y a los mecanismos de resolución de problemas a través de algoritmos, dándole al alumno una visión global del proceso para la resolución de problemas a través del ordenador.

1. Introducción

Definiciones de
- Ordenador
- Software
- Metodología de la programación

Un ordenador es una máquina creada por el hombre y por tanto no podrá realizar una tarea que no haya sido previamente determinada por el.

Un ordenador es una máquina de origen electrónico que puede realizar una gran variedad de trabajos pero en base a unas pocas operaciones que utilizadas y combinadas de forma adecuada, mediante lo que llamamos programa, permiten realizar tareas complejas ya sea de gestión, técnicas, entretenimiento, etc.

Por tanto un ordenador necesitará de programas que le den las instrucciones adecuadas para que este realice el fin que deseamos. El conjunto de programas que podemos usar es lo que se llama software.

Ya que los programas que podemos usar son muy diversos, el software que nos podemos encontrar dentro de un ordenador lo podríamos clasificar en:

-*De control* (sistema operativo)
-*De tratamiento* (compiladores, aplicaciones específicas, juegos, etc)
-*De diagnóstico y generación de mantenimiento del sistema operativo.*

Nuestro objetivo es para un problema dado, diseñar una solución que pueda ser realizada por un ordenador. Para ello necesitaremos en primer lugar un lenguaje o notación para expresar la solución obtenida. Tal solución debe estar adaptada a las particularidades del ordenador, si bien en una primera fase de diseño podremos utilizar una notación intermedia entre el lenguaje natural y el del ordenador (pseudocódigo), posteriormente será preciso escribirla en un lenguaje comprensible por la máquina como BASIC, PASCAL, C, COBOL, etc.

La metodología de la programación es el conjunto de métodos y técnicas disciplinadas que ayudan al desarrollo de unos programas que cumplan los requisitos.

Esa disciplina a la hora de desarrollar un programa es necesaria con el fin de que los programas puedan mantenerse, modificarse y actualizarse fácilmente, de forma rápida y por diferentes programadores. Para conseguirlo se han establecido varios modos o criterios de programación entre los que se encuentran la *programación modular* y la *programación estructurada*.

2. Algoritmos

- Definición
- Características
- Forma de representación

Como ya hemos indicado aunque los ordenadores son máquinas complejas y sofisticadas, desconocen la cuestión más sencilla que podemos plantearles. El *hardware* no es suficiente para hacer operativo a los computadores, debido a que precisan de órdenes que los hagan funcionar, necesitan lo que denominamos *programas*. La preparación de las diferentes instrucciones y operaciones ordenadas que forman nuestro programa necesita una representación detallada para reflejar la secuencia de ejecución de las mismas, para lo cual se utilizan los algoritmos.

Podemos definir un algoritmo como la representación de las acciones y operaciones detalladas necesarias a tomar para la resolución de un problema.

Problema: Sumar dos n° introducidos por teclado

Inicio
Introducir n°1
Introducir n°2
Sumar n°1+n2°
Presentar resultados en pantalla
fin

Problema: Cómo cambiar una rueda a un coche

Inicio
Buscar gato
Levantar coche
Quitar tornillos
Cambiar rueda
Apretar tornillos

> *Quitar gato*
> *Guardar gato*
> *Fin*

Un algoritmo debe ser:

Preciso: en cuanto al orden de operaciones
Finito: en cuanto al número de operaciones
Correcto: debe conducir a la solución del problema

La definición de un algoritmo debe describir tres partes: *entrada, proceso y salida.*

En general un mismo problema puede ser resuelto por más de un algoritmo.

Un algoritmo se puede representar de las siguientes formas:
Gráfica: (ordinogramas, organigramas, diagrama estructurado).
Esquemática: (Tablas de decisión)
Lenguaje (Pseudocódigo)

Por tanto para la resolución de un problema seguiremos los siguientes pasos:

El *diseño del algoritmo*, describe la secuencia de pasos que conducen a la solución de un problema.

Una vez diseñado el algoritmo, lo traduciremos al programa de ordenador a través del lenguaje de programación seleccionado.

3. Lenguajes de programación

- Definición
- Tipos:
  - o Lenguaje máquina
  - o Lenguaje ensamblador
  - o Lenguaje de Alto nivel

El desarrollo de las capacidades del hardware ha experimentado un auge desmesurado en los últimos años, pero el aprovechamiento de estas posibilidades no es óptimo si no se dispone de un software adecuado.

Con este fin se han diseñado diversos lenguajes de programación, unos de propósito general, es decir para todo tipo de aplicaciones, y otros de aplicación particular en algunos lenguajes de los campos que utilizan tratamiento informático.

Un **lenguaje de programación** es una notación para escribir programas, a través de lo cuales podemos comunicarnos con el hardware y dar así las órdenes adecuadas para la realización de un determinado proceso.

Los distintos niveles de programación existentes nos permiten acceder al hardware de tal forma que, según utilicemos un nivel u otro, así tendremos que utilizar un determinado lenguaje.

Una clasificación muy extendida de los lenguajes de programación, desde el punto de la programación de aplicaciones es el siguiente:

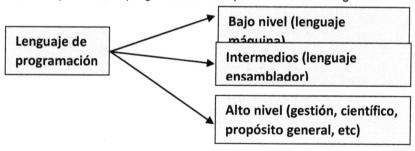

3.1. Lenguaje máquina

El ordenador, entiende solamente el lenguaje binario. Este lenguaje es muy complicado de usar para el humano, ya que *trabajar con unos y ceros*, resulta lento de traducir y es fácil equivocarse. Antes, los programadores introducían los datos y programas en forma de largas ristras de ceros y unos con la ayuda de interruptores que controlaban la memoria.

La principal **desventaja** es que son muy engorrosos de usar y el programador necesita conocer la arquitectura física del ordenador. La estructura del lenguaje máquina está adaptada a los circuitos del ordenador y muy alejada de la forma o lenguaje tradicional.

La principal **ventaja** es que un programa escrito en lenguaje máquina es directamente interpretable por el procesador central del ordenador. Además los programas en código máquina se ejecutan muy eficientemente ya que el usuario los redacta específicamente para los circuitos que los han de interpretar y ejecutar y desde el código maquina se pueden utilizar la totalidad de los recursos de la máquina.

Las principales características de los lenguajes máquina son las siguientes:

a) Las instrucciones son cadenas de ceros y unos
b) Los datos se utilizan por medio de las direcciones de memoria donde se encuentran.
c) Las instrucciones realizan operaciones muy simples. Por ejemplo algunos procesadores no disponen de la operación de multiplicar y es necesario realizar un programa a través de sumas.
d) El lenguaje máquina está ligado íntimamente a la CPU del ordenador. Si los ordenadores tiene CPU distintos su lenguaje máquina será distinto.
e) En lenguaje máquina no pueden introducirse comentarios que faciliten la legibilidad del mismo.

Esto cambió con la aparición de lenguajes ensambladores.

Un ejemplo de programa en lenguaje máquina:

```
0000 0001 1010 0001
1000 1001 1001 1010
0011 1010 1001 1001
```

3.2. Lenguaje ensamblador

El lenguaje ensamblador es el primer intento de sustituir el lenguaje máquina por otro más similar a los utilizados por las personas. En este lenguaje, cada instrucción equivale a una instrucción (o muy pocas instrucciones) en lenguaje máquina, utilizando para su escritura palabras con símbolos nemotécnicos en lugar de cadenas de bits.

No existe un único lenguaje ensamblador. El ensamblador de la máquina dependerá del procesador que incorpore. A pesar de que el ensamblador es realmente más cómodo que el lenguaje máquina, resulta un lenguaje bastante complejo, al menos para el usuario medio.

```
INICIO:        ADD B, 1
               MOV A, B
               CMP A, E
               JE FIN
               JMP INICIO
FIN:           END
```

Este lenguaje presenta la mayoría de los inconvenientes del lenguaje máquina:

a)	Cada modelo de computador tiene un lenguaje ensamblador propio, diferente de los demás.
b)	El programador ha de conocer perfectemente el *hardware* del equipo.
c)	Todas las instrucciones son elementales.
d)	Añade un inconveniente respecto al lenguaje máquina y es que necesita un traductor que pase el programa a

> lenguaje máquina que al final como se ejecuta cualquier programa.

Por otro lado, tanto el lenguaje máquina como el ensamblador gozan de la ventaja de la mínima ocupación de memoria y mínimo tiempo de ejecución en comparación con el resultado de la compilación del programa equivalente escrito en otros lenguajes.

Estos lenguajes ya si permiten el uso de **direcciones simbólicas** en lugar de direcciones binarias (algo parecido a las variables).

3.3. Lenguajes de alto nivel

A consecuencia de la complejidad de los lenguajes ensambladores se inventaron los denominados *lenguajes de alto nivel* para facilitar la escritura de los programas y el entendimiento de los mismos, cuyos objetivos son los siguientes:

> a. Lograr independencia de la máquina, pudiendo utilizar el mismo programa en diferentes equipos con la única condición de disponer de un programa traductor o compilador, que los suministra el fabricante para obtener el programa ejecutable en lenguaje binario de la máquina que se trate.
> b. Los lenguajes de alto nivel guardan cierta similitud con el lenguaje humano, es decir se aproximan al lenguaje natural. Habitualmente, el inglés.

Las principales **objeciones** que se plantean a estos lenguajes son:

Los programas escritos en lenguajes de alto nivel son más lentos de ejecución y disponen de la memoria de forma menos eficaz que los lenguajes de bajo nivel.

El ordenador sólo comprende el lenguaje máquina y no puede ejecutar directamente programas que se le suministran en otros lenguajes. Ello implica que tendrán que traducir las instrucciones de estos nuevos lenguajes a instrucciones en lenguaje máquina. Básicamente existen dos formas de traducir:

Compilador → traduce un programa codificado en lenguaje de alto nivel a instrucciones codificadas en lenguaje máquina.
Intérprete → traduce y ejecuta las instrucciones escritas en lenguaje fuente. Normalmente ejecutan las instrucciones después de su verificación.

El objetivo principal de los programas de traducción de lenguajes es el de convertir un programa escrito en un lenguaje de alto nivel en su equivalente en lenguaje máquina.

Un segundo objetivo de los programas de traducción de lenguajes es el de identificar los errores en el programa. El programa produce mensajes de diagnóstico para ayudar al programador a corregir los errores.

Por último el programa de traducción en sí debe ser eficiente, no debe tardar demasiado en traducir un programa fuente, ni ocupar demasiada memoria principal. Los compiladores y los intérpretes persiguen un objetivo común: La transformación de lenguaje fuente en lenguaje ejecutable. Pero la diferencia estriba en la realización de la traducción:

• El intérprete analiza sintácticamente las instrucciones antes de su ejecución. La ejecución de un programa es más lenta con el uso de intérpretes. Por otro lado el intérprete debe estar cargado en memoria a la vez que se ejecuta el programa.

Ejemplo: Introducimos nº y nos dice si es mayor que 0 o no

> *inicio*
> *Introducir nº*
> *Si el nº >0 entonces*
>   *Mostrar en pantalla el nº es mayor que cero*
> *Sino*
>   *Mostrar en pantalla el nº no es mayor que cero*
> *Volver al inicio*
> *Fin*

- El compilador determina los errores del programa fuente para conseguir un programa ejecutable depurado. El programa depurado solo se ejecuta.

4. Ciclo de vida de una aplicación

> - Definición
> - Modelos de ciclo de vida
> - Etapas en el ciclo de vida

El desarrollo de un sistema de información contempla una serie de etapas bien diferenciadas tanto en características como en el volumen de recursos a utilizar. El conjunto ordenado de etapas es conocido como el *ciclo de vida de un sistema informático.*

Según la norma IEEE 1074 se entiende por ciclo de vida software *una aproximación lógica a la adquisición, el suministro, el desarrollo y el mantenimiento del software.* Según la norma ISO 12207-1 se entiende por modelo de ciclo de vida *un marco de referencia que contiene los procesos, las actividades y las tareas involucradas en el desarrollo, la explotación y el mantenimiento de un producto de software, abarcando la vida del sistema desde la definición de los requisitos hasta la finalización de su uso.*

La forma en que son denominadas las distintas etapas presenta grandes variaciones según los autores y metodologías seleccionadas:

Según Netzger:
1. Definición
2. Diseño
3. Programación
4. Prueba del sistema
5. Aceptación
6. Instalación y operaciones
Según Benjamín:
1. Estudio de oportunidad

2. Especificaciones del sistema
3. Ingeniería del sistema
4. Programación y desarrollo de procedimientos
5. Implementación
6. Mantenimiento

Según Blandon y Gray

1. Identificación y selección del proyecto
2. Descripción general del sistema
3. Recogida de datos
4. Análisis del sistema
5. Diseño del sistema
6. Programación
7. Pruebas y programas
8. Pruebas del sistema
9. Conversión e instalación
10. Mantenimiento
11. Evaluación del sistema.

No entraremos a definir estos modelos que se verán a fondo en el módulo de análisis.

Nosotros seguiremos el modelo que contempla las siguientes **etapas** el ciclo de vida de una aplicación:

1-   Identificación de necesidades

Este proceso contiene las actividades y tareas que el comprador, cliente o usuario realizar para adquirir un sistema o producto software. También incluye la preparación y solicitud de ofertas, la selección del suministrador, etc.

2-   Análisis de requerimientos

Consiste en el examen y descripción detallada de los siguientes aspectos relativos al problema:

* Equipo a utilizar
* Personal informático
* Estudio de los datos de entrada
* Estudio de los datos de salida o resultados
* Relación entre la salida y la entrada
* Descomposición del problema en módulos

El resultado de esta fase es lo que se denomina especificación del problema, formada por el conjunto de documentos elaborados para los aspectos citados.

3- *Proceso de suministro*

Este proceso contiene las actividades y tareas que el suministrador realiza. Se inicia con la decisión de preparar una propuesta para responder a una petición de un comprador para proporcionarle un producto software.

También trata la identificación de los procedimientos y de los recursos necesarios para gestionar y garantizar el éxito del proyecto, incluyendo el desarrollo de los planes del proyecto y la ejecución de dichos planes hasta la entrega del producto software al comprador.

4- *Proceso de desarrrollo*

Este proceso contiene las actividades de diseño, codificación, integración, pruebas e instalación y aceptación.

5- *Implantación*

Este proceso incluye la explotación del software y el soporte operativo a los usuarios. Debido a que esta explotación está integrada en la del sistema, las actividades y tareas de este proceso se aplican al sistema completo. También se denomina proceso de operación.

6- *Mantenimiento*

Este proceso aparece cuando el software necesita modificaciones, ya sea en el código o en la documentación asociada, debido a un error, una deficiencia, un problema o la necesidad de mejora o adaptación. El objetivo es modificar el software existente manteniendo su consistencia. Este proceso puede incluir también las actividades de migración a un nuevo entorno operativo y las de retirada del software.

Quedan fuera de esta relación de actividades de planificación, control y seguimiento del proyecto que forman el ciclo de vida de la gestión del proyecto, pero no de su desarrollo.

Veamos el ejemplo del ciclo de vida de un video club:

Identificación de necesidades

Entrevista del jefe de proyecto con el gerente del video club para conocer el entorno global del problema.

Análisis de requerimientos

En función de la entrevista inicial realizaremos un informe que muestre:
Personas que intervendrán en el desarrollo
Cuantos datos hay que registrar (5000 películas, 3000 socios, etc) para ver las necesidades de equipos.
Que gestión se harán con esos datos (para ver complejidad de la aplicación).
Descomponer el problema para que cada integrante del equipo aborde uno de esos subproblemas.

Proceso de suministro

Con el informe anterior, se prepara una propuesta que responda a las necesidades del cliente:
* Necesita 5 ordenadores, con estas características, etc.

Proceso de desarrollo

Una vez dato el visto bueno por el gerente del video club, podemos comenzar a preparar el sistema.
Desde el punto de vista del software no olvidar que deberemos realizar el **diseño de los algoritmos**, estudio de los datos, etc.
Por último realizar el **programa**.
No olvidar realizar una **documentación adecuada** para el manejo de la aplicación, es decir un manual de usuario.

Implantación

En este punto el programa se le instalará en los equipos al video club y se realizarán todas las pruebas de calidad para adaptarlo al cliente.

Mantenimiento

Periódicamente (con contrato de mantenimiento), mantendremos contactos mensuales, semestrales o anuales con la empresa para posibles problemas o modificaciones.

5. Programación

```
• Definición
• Documentación de programas
```

La programación es una de las etapas más importantes del ciclo de vida de un proyecto informático y requiere un determinado método de trabajo. La programación se enfoca a la consecución de programas libres de errores de funcionamiento y que cumplan los requerimientos y los objetivos marcados en las etapas anteriores del ciclo de vida.

Toda la información recogida en las primeras fases del ciclo de vida, deberá ser codificada en un lenguaje estructurado de programación legible por el ordenador y entendible por el programador.

Esta fase se debe abordar de forma sistemática, esto es, aplicando explícitamente un conjunto de técnicas, como **programación estructurada y diseño descendente.**

El resultado inicial debe ser un algoritmo o descripción del conjunto de acciones que deberán ser realizadas por el ordenador.

Para su representación se utilizarán diferentes notaciones como ordinogramas, pseudocódigo, etc.

El siguiente paso será la transformación del algoritmo resultante de la fase anterior a un lenguaje de programación concreto. El resultado se le denomina **programa** que ya estará escrito en un lenguaje de programación concreto.

Un punto muy importante será la **documentación de los programas**, que podemos entender desde dos puntos de vista:

-Documentación del código: Introduciendo comentarios que permitan entender el significado del mismo.
-Manual de usuario: a través del cuál explicaremos al usuario como usar correctamente la aplicación.

6. Control de errores

> **Tipos de errores:**
> - De compilación
> - De ejecución
> - De lógica
> - De especificación

Durante el desarrollo de un programa o aplicación se ha de ser especialmente cuidadoso para evitar que el producto obtenido presente errores. Tener en cuenta que en muchos casos se dedica más tiempo a la corrección de errores que al diseño del programa en sí.

Si se ha seguido un buen método de diseño, no ha de preocuparnos excesivamente la presencia de errores; lo importante será utilizar una técnica adecuada de depuración que nos permita eliminarlos con facilidad.

Según el momento en que se detecten los errores se clasifican de la siguiente manera:

6.1. Errores de compilación

Corresponden a errores sintácticos, corresponden al incumplimiento de las reglas sintácticas del lenguaje.

Estos errores son los más fáciles de corregir ya que son detectados por el compilador.

6.2. Errores de ejecución

Se deben a operaciones no permitidas, como dividir por cero, leer un dato no numérico en una variable numérica, etc.

Se detectan porque se produce una parada anormal del programa durante su ejecución.

Son más difíciles de detectar y corregir que los errores sintácticos, ya que ocurren o no, dependiendo de los datos de entrada que se utilicen.

6.3. Errores de lógica

Corresponden a la obtención por el programa de resultados que no son correctos, y la única forma de detectarlos es realizando un número suficiente de ejecuciones de prueba.

Son más difíciles de corregir, no solo por la dificultad para detectarlos sino porque se deben a la propia concepción y diseño de programa.

6.4. Errores de especificación

Es posiblemente el peor tipo de error y el más costoso de corregir. Se deben a la realización de unas especificaciones incorrectas motivadas por una mala comunicación entre el programador y que plantea el problema.

Se detectan normalmente cuando ya ha concluido el diseño e instalación del programa por lo que su corrección puede suponer la repetición de gran parte del trabajo realizado.

---

7. Programación interactiva y por lotes

- **Diferencias entre los dos tipos de programación**

Los programas de los que hemos hablado (programas compilados), se podrían englobar dentro de la programación interactiva, estos programas permitirían la realización de acciones y están escritos (o traducidos a) código máquina.

Los ficheros por lotes (**batch**) son ficheros de tipo texto en los que cada línea es una orden. Estas órdenes pueden ser comandos, o programas e incluso llamadas a otros ficheros **batch**. Su comportamiento para ejecutarlo es como el de cualquier comando o programa.

La idea de utilizar estos ficheros por lotes, es la de poder lanzar la ejecución de varios programas o comandos de forma secuencial sin necesidad de estar presente.

Ej.: Lanzar la emisión de informes, de las nóminas de una empresa, de la facturación y después realizar una copia de seguridad.

Tema 2: Datos tipos y características. Operadores, expresiones e instrucciones.

1. Tipos de datos
2. Elementos de un programa
3. Tipos de instrucciones

Objetivos del tema

En este tema el alumno aprenderá a identificar los distintos elementos que pueden aparecer en un programa. Así mismo verá la forma de representación interna de los datos por parte del ordenador y la necesidad de uso de los distintos tipos de datos. Por último aprenderá a trabajar con esos datos a través de las distintas expresiones que se pueden utilizar.

1. Tipos de Datos

Definición de datos.
Importancia de distinguir entre los distintos tipos
Tipos de datos:
- Numéricos
- No numéricos
Conversión de tipos

Se denominan datos a las características propias de cualquier entidad. Por ejemplo, la edad y el domicilio de una persona forman parte de sus datos.

Los programas procesan datos a fin de obtener resultados o informaciones útiles.

Cada variable, constante o expresión lleva asociado un tipo de datos que determina el conjunto de valores que puede tomar.

Es decir cuando nosotros indicamos en un programa que vamos a usar una variable, constante, etc. debemos también de indicar de qué tipo va a ser esa variable, constante, etc..

La importancia de distinguir entre los distintos tipos de datos está en que en memoria no se almacenan igual unos que otros. No almacena igual el ordenador un dato numérico que uno de tipo texto que un dato booleano. Incluso no se almacena igual un nº entero que un nº decimal.

Por ejemplo el nº 250 se representaría en memoria como:
11111010
sin embargo ese mismo nº representado en formato carácter ocuparía tres bytes uno para

> cada cifra del nº y el ordenador no lo manejaría
> como 250 sino como un 2 un 5 y un 0.

Por otro lado también (en algunos lenguajes), se indicará también el tamaño que ocupará el dato declarado. Por ejemplo

Nombre carácter (30)

Los tipos de datos pueden ser **simples** o elementales y **estructuras de datos** o datos estructurados.

A continuación estudiaremos los tipos simples, dejando las estructura de datos para el módulo correspondiente.

En primera clasificación, los tipos simples se dividen en numéricos y no numéricos. En los primeros se incluyen las cantidades o magnitudes y en los segundos el resto de datos posibles.

1.1. Tipo de datos numéricos.

- **Tipo numérico entero.**

Es un subconjunto de los números enteros cuyo rango o tamaño dependen del lenguaje y del ordenador utilizado. Evidentemente no admiten decimales.

En longitudes de palabra de 16 bits los enteros que se podrían usar estarían comprendidos entre $-2^{15} = -32768$ y $+2^{15}=32768$

Pero en una máquina con longitud de palabra de 32 bits los enteros estarían comprendidos entre -2^{31} y $2^{31.}$

- **Tipo numérico real.**

Es un subconjunto de los números reales limitado no sólo en cuanto tamaño, sino también en cuanto a la precisión.

Se expresan de dos maneras diferentes denominadas de punto fijo y notación exponencial. En la primera hablaríamos de nº del tipo 3.45666 y en la notación exponencial serían nº del tipo $3.4 * 10^{54}$.

Al igual que en el caso de números enteros, el tamaño final dependerá del lenguaje y del ordenador que estemos utilizando.

1.2. Datos de tipo no numérico.

- **Tipo Carácter.**

Es un conjunto formado por todos los caracteres o símbolos de que dispone el ordenador.

Se expresan mediante el carácter colocado entre comillas o apóstrofes.

En algunos lenguajes se considera también como tipo de datos simples el de los **literales** o cadenas de caracteres de longitud variable (**string** en inglés).

- **Tipo Booleano**

Es el conjunto formado por los valores FALSO y VERDADERO.

1.3. Conversión de tipos.

Con frecuencia se necesita convertir un valor de un tipo a otro sin cambiar el valor que representa. Las conversiones de tipos pueden ser implícitas (ejecutadas automáticamente) o explícitas (solicitadas específicamente por el programador).

- **Conversión implícita.**

Los tipos fundamentales (básicos) pueden ser mezclados libremente en asignaciones y expresiones. Las conversiones se ejecutan automáticamente: los operandos de tipo más bajo se convierten en los de tipo más alto.

Por ejemplo un entero se convierte en un real.

- **Conversión explícita.**

Se fuerza la conversión de tipos mediante el operador de molde (cast). El operador de molde admite dos formatos:

(tiponombre) valor   //convierte *valor* a *tiponombre*

tiponombre (valor)   //convierte *valor* a *tiponombre*

Este operador tiene la misma prioridad que otros operadores unitarios tales como +, -

2. Elementos de un programa

Definición de:
- Constantes
- Variables
- Expresiones

Operadores y tipos. Orden de evaluación de los operadores dentro de las expresiones.

2.1. Constantes

Son objetos cuyo valor permanece invariable a lo largo de la ejecución de un programa. Una constante es la denominación de un valor concreto, de tal forma que se utiliza su nombre cada vez que se necesita referenciarlo.

Ejemplo:

Pi	3.141592
E	2.718281

2.2. Variables

Son objetos cuyo valor puede ser modificado a lo largo de la ejecución de un programa.

Las variables, estarán asociadas siempre a la dirección de memoria que contiene el valor al que hacemos referencia.

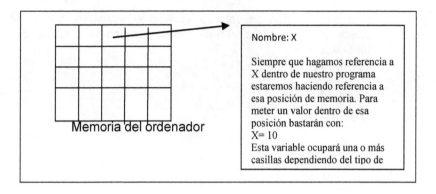

Memoria del ordenador

Nombre: X

Siempre que hagamos referencia a X dentro de nuestro programa estaremos haciendo referencia a esa posición de memoria. Para meter un valor dentro de esa posición bastarán con:
X= 10
Esta variable ocupará una o más casillas dependiendo del tipo de

Ejemplo:

| X=0 |
| X=x+1 |

X es una variable de tipo numérico.

2.3. Expresiones

Una expresión es la representación de un cálculo para la obtención de un resultado.

Se define una expresión de la siguiente forma:

1. Un valor es una expresión:
   Ejemplos: 1.25 , "JUAN"

2. Una constante:
   Ejemplos: PI, E, X

3. Una función es una expresión:
   Ejemplos: COS (X), SQR(X)

4. Una combinación de valores, constante, variables, funciones y operadores que cumplen determinadas reglas de construcción es una expresión:
Ejemplos: COS(PI + X) +1.25

2 * PI * X

N = "JUAN"

2.4. Tipos de expresiones

Las expresiones según el resultado se clasifican en:

- **Numéricas.-** Son las que producen resultados de tipo numérico. Se construyen mediante los operadores aritméticos.

Ejemplo: PI * 1.56

- **Alfanuméricas.-** Son las que producen resultados de tipo alfanumérico. Se construyen mediante los operadores alfanuméricos.

Ejemplo: "Don " + N

- **Booleanas.-** Son las que producen resultados FALSO y VERDADERO. Se construyen mediante los operadores relacionale s y lógicos.

Ejemplo: A>0 y B<= 5

2.5. Operadores

Para la construcción de expresiones se pueden utilizar de forma general, los siguientes operadores:

Aritméticos	^ Potencia
	* Producto
	/ División
	DIV o \ División entera
	MOD Resto de la división
	+ Suma o signo positivo
	- Resta o signo negativo
Alfanuméricos	+ ó & concatenación
Relacionales	= Igual a
	< Menor que
	<= Menor o igual que
	> Mayor que
	>= Mayor o igual que
	<> Distinto a
Lógicos	No negación
	Y Conjunción
	O Disyunción
Paréntesis	() Se utilizan para anidar expresiones
De asignación	=
De manipulación de bits	<<= Desplaza a la izda.
	>>= Desplaza a la derecha

	&=	Hace un AND
	^=	Establece a^b
	||=	Establece a ó b

Tablas de verdad de los operadores lógicos

El resultado de las operaciones lógicas está determinado por las tablas de verdad correspondientes a cada una de ellas.

Operador NO:

A	No A
F	V
V	F

Operador Y:

A	B	A y B
F	F	F
F	V	F
V	F	F
V	V	V

Operador O:

A	B	A o B
F	F	F
F	V	V
V	F	V
V	V	V

- **Orden de evaluación de los operadores**

Los operadores de una expresión se evalúan según el siguiente orden:

```
1° Paréntesis (comenzando por los más internos).
2° Signo
3° Potencias
4° Productos y divisiones
5° Sumas y restas
6° Concatenación
7° Relacionales
8° Negación
9° Conjunción
10° Disyunción
```

La evaluación de operadores de igual orden se realiza siempre de izquierda a derecha. Este orden de evaluación tiene algunas modificaciones en determinados lenguajes de programación.

Ejemplo:

```
((3+2)^2-15)/2*5
(5^2-15)/2*5
(25-15)/2*5
10/2*5
5*5
25
```

3. Tipos de instrucciones

Definición de instrucción.
Tipos de instrucciones:
- Primitivas
- De declaración
- De control

Los programas manejan objetos que modifican su estado dependiendo de la ejecución de las instrucciones. Una instrucción se caracteriza por su estado antes a la ejecución y el estado posterior a la ejecución.

Las instrucciones son por tanto las órdenes que damos al ordenador para que realice las operaciones que nosotros deseamos. Las instrucciones o expresiones se clasifican en:

- Instrucciones primitivas:
  o Asignación
  o Entrada
  o Salida
- Instrucciones de declaración
- Instrucciones de control
  o Simple
  o Compuesta
  o Repetitiva

3.1. Instrucciones Primitivas

En el momento en que aparecen necesitan ser ejecutadas. Existen tres tipos:

- **Asignación:**

```
A=3
A=3*5+B
```

- **Entrada:** Permiten introducir valores dentro de variables a partir de un dispositivo de entrada (por ejemplo el teclado).

```
leer A, B, C
```

Salida: Permiten sacar por algún dispositivo de salida (pantalla) determinados resultados.

```
Escribir A, B, C
Escribir "Hola Me llamo Pepe"
```

3.2. Instrucciones de declaración

Indican el tipo, las características y la identificación de los objetos que componen un programa.

```
NOMBRE es alfabético de 15 caracteres
EDAD es numérico entero
```

3.3. Instrucciones de control

Evalúan las expresiones lógicas con el objetivo de controlar la ejecución de otras instrucciones o alterar el orden de ejcución normal de las instrucciones de un programa. Se clasifican en:

- **Instrucción de control simple**

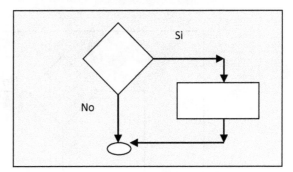

- **Instrucción de control compuesta**

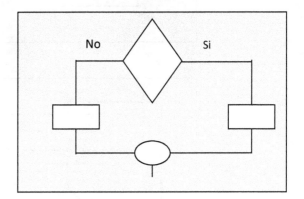

- **Instrucción repetitiva**

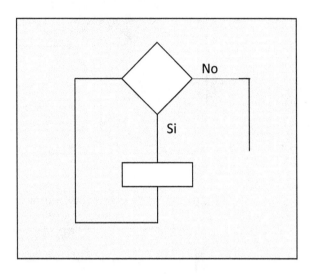

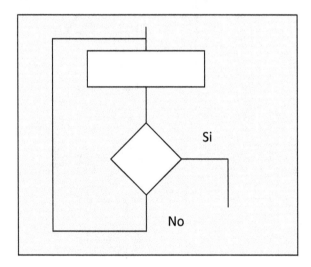

Tema 3. Algoritmos: Representación, Instrucciones y Estructuras Básicas

1. Introducción

2. Diseño del Algoritmo

3. Herramientas de representación

Objetivos del tema:

En este tema se dotará al alumno de los conocimientos necesarios para resolver cualquier problema a través de algoritmos, se verán las distintas formas de representar un algoritmo y el alumno estará capacitado para la resolución de problemas a través del ordenador.

1. Introducción

Describir:

- Metodología de la programación
- Algoritmo
- Proceso en la resolución de un problema

El programador de computadora es antes que nada una persona que resuelve problemas, por lo que para llegar a ser un programador eficaz se necesita aprender a resolver problemas de un modo riguroso y sistemático.

De establecer esto se encarga la **metodología de la programación** y sin duda el eje central de la metodología es el concepto ya tratado de **algoritmo**.

La metodología de la programación es el conjunto de métodos y técnicas disciplinadas que ayudan al desarrollo de unos programas que cumplan los requisitos.

Un algoritmo es un método para resolver un problema. El término original proviene de *Mohammed al-Khowârizmi*, matemático persa que vivió durante el siglo IX.

El profesor Niklaus Wirth (inventor del Pascal, Modula-2 y Oberon) indica que: *sólo se puede llegar a realizar un buen programa con el diseño de un algoritmo y una correcta estructura de datos.*

El proceso que debemos seguir para la resolución de un problema es:

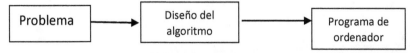

---

1. Diseño del algoritmo, que describe la secuencia ordenada de pasos que conducen a la solución de un problema. *(Análisis del problema y desarrollo del algoritmo)*
2. Expresar el algoritmo como un programa en un lenguaje de programación adecuado *(fase de codificación)*
3. Ejecución y validación del programa de ordenador.

Para llegar a la realización de un programa es necesario el diseño previo de un algoritmo, de modo que sin algoritmo no puede existir un programa.

Los algoritmos son independientes tanto del lenguaje de programación en que se expresan como del ordenador que los ejecuta. En cada problema el algoritmo se puede expresar en un lenguaje diferente de programación y ejecutarse en un ordenador distinto; sin embargo el algoritmo será siempre el mismo.

En la ciencia de la computación y en la programación, los algoritmos son más importantes que los lenguajes de programación o los ordenadores. Un lenguaje de programación es tan solo un medio para expresar un algoritmo y un ordenador es sólo un procesador para ejecutarlo. Tanto el lenguaje como el ordenador son los medios para obtener un fin: conseguir que el algoritmo se ejecute y se efectúe el proceso correspondiente.

2. Diseño del algoritmo.

Definición de:

- Diseño de algoritmo
- Métodos de diseño

En la etapa de análisis del proceso de programación se determina *qué* hace el programa. En la etapa de diseño se determina *cómo* hace el programa la tarea solicitada.

Los métodos más eficaces para el proceso de diseño se basan en la técnica *divide y vencerás* -> es decir la resolución de un problema complejo se realiza dividiendo el problema en subproblemas y a continuación dividir estos subproblemas en otros de nivel más bajo.

Este método se conoce técnicamente como **diseño descendente** (top down) o **modular**. Cada subprograma es resuelto mediante un **módulo** (subprograma) que tiene un solo punto de entrada y un solo punto de salida.

Otra técnica de diseño de algoritmos es la **programación estructurada** a la que dedicaremos un módulo para su estudio.

3. Herramientas de representación de algoritmos

- Diagramas de flujo
- Pseudocódigo
- Tablas de decisión

Las dos herramientas más utilizadas comúnmente para diseñar algoritmos son: diagramas de flujo y pseudocódigo.

3.1. Diagramas de flujo

Un diagrama de flujo (flowchart) es una representación gráfica de una algoritmo.

Algunos de los símbolos utilizados para la construcción de diagramas de flujo son:

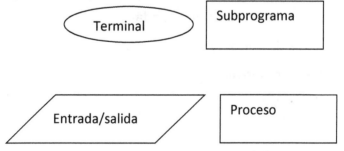

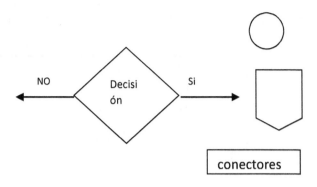

Podemos encontrar dos tipos de diagramas de flujo:

Organigramas

Los organigramas constituyen un procedimiento común en informática que consiste en reflejar gráficamente la ubicación de información en los soportes-periféricos de entrada y salida, unida por el flujo de datos e informaciones que utiliza un programa de manera clara y sencilla. Un organigrama debe dar una visión externa e interna a través de los siguientes elementos:

Los soportes de los datos de entrada

Los soportes de datos de salida

El nombre del programa

El flujo de los datos

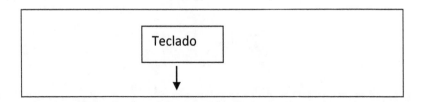

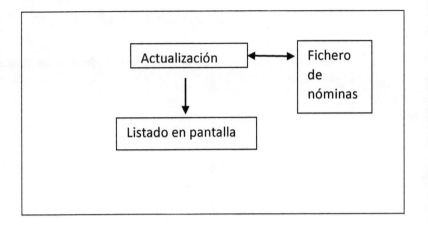

Ordinogramas

Los ordinogramas representan gráficamente paso a paso todas las instrucciones del programa, reflejando la secuencia lógica de las operaciones necesarias para la resolución de un problema. Estas operaciones van encaminadas a su resolución por medio del ordenador.

El ordinograma detalla paso a paso el proceso que debemos seguir en la etapa de programación. Todo ordinograma debe plasmar un inicio y un fin de programa, y una secuencia de operaciones. En la representación de ordinogramas es conveniente seguir las siguientes reglas:

- Utilizar líneas rectas.
- El comienzo del programa debe figurar en la parte superior.
- Normalmente los símbolos para que el flujo de las operaciones sea a simple vista de arriba abajo y de izquierda a derecha.
- El ordinograma debe guardar la mayor simetría posible.
- Las expresiones utilizadas dentro de los símbolos deben ser independientes del lenguaje de programación.
- Se evitará los cruces de líneas de flujo.
- Las instrucciones deben ser mínimas.

- No hacer excesivo uso de comentarios.

Un ejemplo de un algoritmo representado con un ordinograma sería:

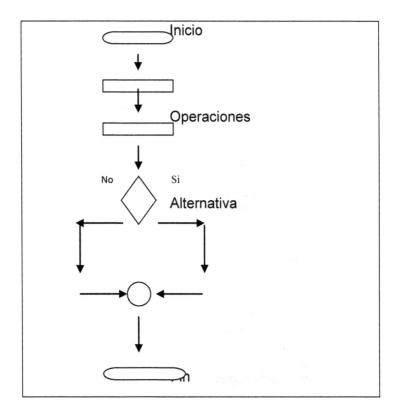

Veamos a continuación la traducción de las instrucciones básicas a los símbolos de ordinogramas

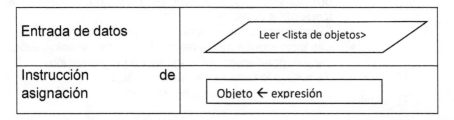

Entrada de datos	Leer <lista de objetos>
Instrucción de asignación	Objeto ← expresión

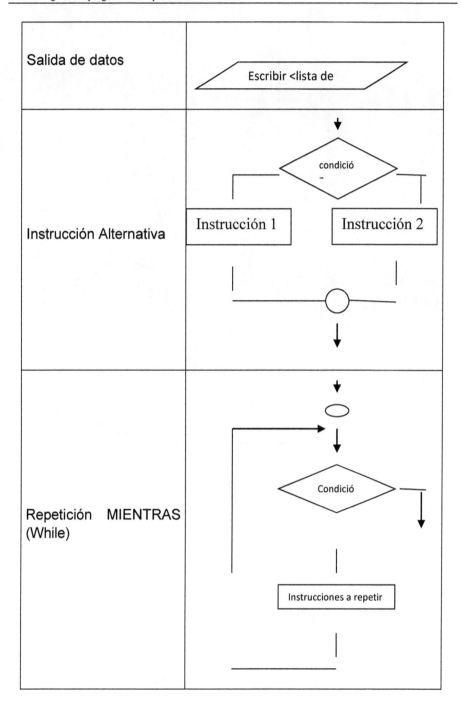

Repetición (until)	REPETIR	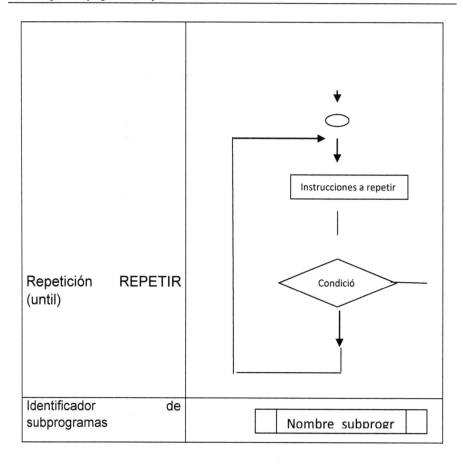
Identificador de subprogramas		Nombre subprogr

Pseudocódigo

El **pseudocódigo** es una herramienta de diseño de algoritmos en la que las instrucciones se escriben en palabras similares al inglés o español, que facilitan tanto la escritura como la lectura de programas. En esencia, el *pseudocodigo* se puede definir como un lenguaje de *especificaciones de algoritmos.*

Se puede considerar como un paso intermedio, casi final entre la solución de un problema y su codificación en un lenguaje.

Inicio

Mirar la cartera

      Si el cine es apto para niños entonces

         Comprar la entrada

      Si no

         Ahorrar la propina

finsi

Todo pseudocódigo debe posibilitar la descripción de los siguientes elementos:

- Instrucciones de entrada/salida
- Instrucciones de proceso
- Sentencias de control de flujo de ejecución
- Acciones compuestas (subprogramas)
- Comentarios

Aunque no existen reglas fijas para la construcción de un lenguaje de Pseudocódigo, nosotros utilizaremos el siguiente lenguaje:

Entrada de datos	Leer VARIABLE
Asignación	VARIABLE = EXPRESIÓN
Salida de datos	Escribir EXPRESIÓN
	Si CONDICION

Alternativa	Entonces I1;I2;..... In Sino J1;J2; .... Jn Finsi
Repetición MIENTRAS (While)	Mientras CONDICION hacer I1;I2; I3; ......; In Finmientras
Repetir REPEAT	Repetir I1;I2;I3;.....;In Hasta CONDICION
Bucle FOR	Para Vc de Vi a Vf con incremento I I1;I2;I3;......;In Finpara
Subprogramas	NOMBRE_SUBPROGRAMA

La estructura de un programa realizado por pseudocódigo sería:

Programa NOMBRE_DEL_PROGRAMA

Declaración de variables

Algoritmo:

   **Descripción de las acciones

Fin_del_programa

Subprograma NOMBRE_DEL_SUBPROGRAMA

   Declaración de variables

   Algoritmo:

      *descripción de las acciones

   Findelsubprograma

....

Tablas de decisión

Se denomina **tabla de decisión** a una **representación tabular de la lógica del problema, en el que se presentan varias situaciones y diferentes alternativas para cada una de ellas.**

Actualmente su uso es bastante reducido, aunque su estudio es interesante, pues muestra cómo se puede abordar un determinado tipo de problema desde el punto de vista lógico.

Una tabla de decisión es por tanto:

-Una herramienta para el análisis de problemas.

-Un elemento de comunicación dentro de la jerarquía informática.

-Una representación de problemas que facilita la codificación de los mismos.

-Un instrumento que facilita la detección de errores u omisiones.

Estructura de una tabla de decisión

Una tabla de decisión es una representación en la que se distinguen cuatro zonas:

- **Condiciones**. Consta de un vector columna donde figuran las condiciones que intervienen en el problema. Si se establece a *priori* un orden de importancia de las mismas, las más importantes deben figurar en la parte superior.
- **Acciones** Consta de un vector columna en el que aparecen las acciones a realizar. Si en algún caso, para un estado determinado de las condiciones, se realizan varias acciones y estas se tienen que ejecutar en un orden preestablecido, figurarán en ese orden, de arriba abajo.
- **Entrada de condiciones**. Es una matriz de tantas filas como condiciones y columnas como situaciones distintas se puedan presentar.
- **Situaciones de acciones** Matriz en la que figuran tantas filas como acciones y columnas como situaciones distintas se pueden presentar.

CONDICIONES	ENTRADA DE CONDICIONES
ACCIONES	SALIDA DE ACCIONES

Clasificación de las tablas de decisión

Las tablas de decisión se clasifican según el número de valores que pueden tomar sus condiciones en:

Tablas de decisión binarias:

Son aquellas cuyas condiciones solo pueden tomar dos valores. También se denominan limitadas.

Estos en general serán SI o NO, aunque pueden ser Blanco o Negro, etc. Siempre valores binarios.

Por ejemplo: Se dispone de una aplicación para representar gráficos con computadora por pantalla o impresora, dependiendo de las características del equipo (monitor monocromo (M) o color (C), tarjeta gráfica (S/N) e impresora gráfica (S/N)).

La siguiente T.D. binaria expresa las diferentes posibilidades de ejecutar la aplicación.

Tipo de monitor	M	M	M	M	C	C	C	C
Tarjeta gráfica	S	S	N	N	S	S	N	N
Impresora gráfica	S	N	S	N	S	N	S	N

Visualizar pantalla	X	X			X	X		
Sacar por impresora	X		X		X			
Equipo insuficiente				X				
Contradicción							X	X

Tablas de decisión múltiples

Son aquellas en las que todas sus condiciones pueden tomar más de dos valores.

Por ejemplo: Una empresa, en la confección de la nómina, incluye un plus sobre el sueldo de sus empleados, dependiendo de su estado civil (S/C/V/D) y de su nivel de estudios (primarios (P), medios (M) y superiores (S)).

La siguiente T.D. múltiple refleja los diferentes pluses aplicados.

Estado civil	S	S	S	C	C	C	V	V	V	D	D	D
Nivel estudios	P	M	S	P	M	S	P	M	S	P	M	S
Plus de primera								X				X
Plus de segunda			X		X		X			X	X	
Plus de tercera		X		X		X			X			
Plus de cuarta	X											

Por último reseñar que existen también **tablas de decisión mixtas** en las que intervienen condiciones binarias y múltiples, es decir existirían condiciones binarias y múltiples.

Tema 4. Programación Estructurada

1. Qué es la programación estructurada.

2. Teorema de la estructura.

3. Herramientas de la programación estructurada.

Objetivos del tema:

En este tema se dotará al alumno de los conocimientos necesarios para resolver cualquier problema a través de la técnica de programación estructurada.

1. Qué es la programación estructurada

La programación estructurada fue desarrollada en sus inicios por Edsgar W. Dijkstra y se basa en el denominado **teorema de la estructura** desarrollado por Böhm y Jacopini, allá por 1966.

Las técnicas de desarrollo y diseño de programas que se utilizan en la programción convencional tienen inconvenientes, sobre todo a la hora de verificar y modificar un programa.

En la programación convencional se suele hacer un uso indiscriminado y sin control de las instrucciones de salto condicional e incondicional, lo cual produce cierta complejidad en la lectura y en las modificaciones de un programa. Eliminar estas dificultades es uno de los propósitos de las técnicas de programación estructurada.

Como consecuencia de esto, podríamos indicar que todo programa estructurado puede ser leído de principio a fin sin interrupciones en la secuencia normal de lectura.

Así mismo se obtiene una mayor clarificación del programa por medio de estas técnicas, la puesta a punto del mismo es mucho más rápida, así como la confección de su documentación.

> Un programa estructurado es:
> - Fácil de leer y comprender.
> - Fácil de codificar en una amplia gama de lenguajes y en diferentes sistemas.
> - Fácil de mantener.
> - Eficiente, aprovechando al máximo los recursos de la computadora.
> - Modularizable.

1. Teorema de la estructura.

Como ya se ha indicado este teorema se debe a Böhn y Jacopini y dice lo siguiente:

Todo programa propio, realice el trabajo que realice, tiene siempre al menos un programa equivalente que sólo utiliza las estructuras básicas de la programación, que son:

- La secuenciación
- La selección
- La repetición

En definitiva, el teorema nos viene a decir que diseñando programas con sentecias primitivas (lectura, escritura y asignación) y estructuras básicas, no sólo podremos hacer cualquier trabajo, sino que además conseguiremos mejorar la creación, lectura, comprensión y mantenimiento de los programas.

Un programa se define como propio se cumple las siguientes características:

- Posee un solo punto de entrada y salida para el programa.
- Existen caminos desde la entrada hasta la salida que se pueden seguir y que pasan por todas las partes del programa.
- No existen bucles infinitos.

3. Herramientas de la programación estructurada.

Además de elementos comunes con otros métodos de programación (objetos, variables auxiliares, operadores, etc.), la programación estructurada utiliza:

- Diseño descendente (TOP-DOWN).
- Recursos abstractos.
- Estructuras básicas

3.1. Diseño TOP-DOWN.

Esto consistiría en diseñar los programas de lo general a lo particular por medio de sucesivos refinamientos (módulos) que nos van acercando a las instrucciones finales del programa.

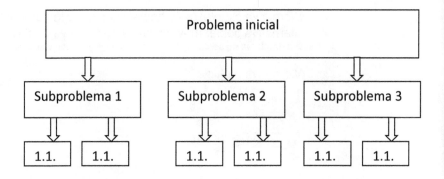

3.2. Utilización de recursos abstractos.

Es el complemento perfecto para diseño TOP-DOWN donde se utiliza el concepto de abstracción; es decir, en cada descomposición se supone que todas las partes resultantes están resueltas, dejando su realización para el siguiente refinamiento y considerando que todas ellas pueden llegar a estar definidas en instrucciones y estructuras disponibles en los lenguajes de programación.

3.3. Estructuras básicas.

Como se indicó el teorema de la estructura dice que toda acción se puede realizar utilizando tres estructuras básicas de control, la estructura secuencial, alternativa y repetitiva.

Estructura secuencial:

Es una estructura con una entrada y una salida en la cual figuran una serie de acciones cuya ejecución es lineal y en el orden en que aparecen.

Instrucciones de lectura, escritura, asignación.

Estructura alternativa:

Estas estructuras pueden ser:

- Alternativa simple: (solo hay acciones por la parte del SI).
- Alternativa doble: (hay acciones por el SI y por el NO).
  (Estas estructuras no se detallan más puesto que ya están vistas en temas anteriores).
- Alternativa múltiple:

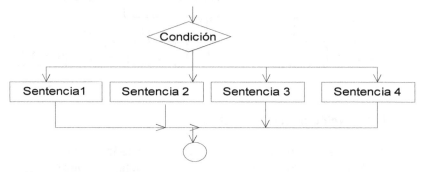

Estructura repetitiva.

Es una estructura con una entrada y una salida en la cual se repite una acción un número determinado o indeterminado de veces, dependiendo en este caso del cumplimiento de una condición.

Las estructuras repetitivas pueden ser:

- Estructura **para** (FOR).
- Estructura **mientras** (MIENTRAS)
- Estructura **hasta** (UNTIL).

(Estas estructuras no se detallan más puesto que ya están vistas en temas anteriores).

Tema 5. Programación Modular

1. Qué es la programación modular.

2. Cómo se estructuran los programas.

3. Funciones y procedimientos.

Objetivos del tema:

En este tema se dotará al alumno de los conocimientos necesarios para resolver cualquier problema a través de la técnica de programación modular, así como a utilizar correctamente el uso de funciones y procedimientos.

1. Qué es la programación modular

Cuando programamos, nuestro principal problema es que cada programa debe ser construido casi desde la nada. Mientras que cuando una computadora se descompone basta que el técnico la destape y le sustituya la pieza defectuosa, cuando un programa no funciona el programador debe hacerle una autopsia completa para arreglarlo.

Hoy en día sabemos que el costo más alto en el ciclo de vida de los sistemas es el mantenimiento. Por otro lado queremos masificar la producción de programas, tratando de usar ensamblaje en masa para reducir este costo. Y para eso necesitamos que los programas estén hechos de piezas intercambiables, a las que llamamos módulos.

La programación modular busca la reutilización de componentes de programación, y se basa en el uso de bibliotecas de funciones. Escribimos programas modulares para que cuando alguna parte no funcione correctamente baste arreglar sólo el módulo que ha fallado.

La programación modular permite la descomposición de un problema en un conjunto de subproblemas independientes entre sí, más sencillos de resolver y que pueden ser tratados separadamente unos de otros. Gracias a la modularización se pueden probar los subprogramas o módulos de manera independiente, depurándose sus errores antes de su inclusión en el programa principal y almacenarse para su posterior utilización cuantas veces se precise.

En definitiva lo que pretendemos con este tipo de programación, es sin duda mejorar la productividad en el proceso de programación y mantenimiento de las aplicaciones.

2. Cómo se estructuran los programas

Todo programa contiene un módulo denominado módulo principal. Este transfiere el control a submódulos (subprogramas), de modo que ellos puedan ejecutar sus funciones.

Una vez completada la tarea encomendada al subprograma, este devuelve el control al programa principal.

Si la tarea encomendada a un subprograma es muy compleja, esta deberá romperse en otros módulos más pequeños. El proceso sucesivo de subdivisiones de módulos continúa hasta que cada módulo tenga solamente una tarea específica que realizar. Esta tarea puede ser *entrada, salida, manipulación de datos, control de otros módulos o alguna combinación de esos*. Un módulo puede transferir temporalmente el control a otro módulo; sin embargo cada módulo debe devolver el control al módulo del cuál recibe originalmente el control.

Los módulos son independientes en el sentido de que ningún módulo puede tener acceso directo a cualquier otro módulo, excepto el módulo al que llama y sus propios submódulos. Sin embargo, los resultados producidos por un módulo pueden ser utilizados por cualquier otro módulo cuando se transfiera a ellos el control. (a través de los parámetros).

Dado que los módulos son independientes, diferentes programadores pueden trabajar simultáneamente en diferentes partes del mismo programa. Esto reducirá el tiempo de diseño del algoritmo y posterior codificación del programa. Además un módulo se puede modificar sin afectar a otros módulos.

En cuanto al **tamaño** que debe tener un módulo, no hay reglas que nos lo indique, sin embargo debemos considerar que un módulo de una o dos líneas es claramente demasiado corto y un módulo de más de 30 o 40 líneas probablemente ejecutará varias tareas con lo cual podrá ser dividido en unidades más pequeñas.

3. Funciones

Estos módulos en C se implementan a través de las funciones. El módulo principal sería la función **main( )** y el resto serán las distintas funciones de las que se compondrá el programa.

Una *función* es una parte de código independiente del programa principal y de otras funciones, que puede ser llamada enviándole unos datos (o sin enviarle nada), para que realice una determinada tarea y/o proporcione unos resultados. Las funciones son una parte muy importante del lenguaje C.

3.1 Utilidad de las funciones

Como ya hemos indicado parte esencial del correcto diseño de un programa de ordenador es su *modularidad*, esto es su división en partes más pequeñas de finalidad muy concreta. En C estas partes de código reciben el nombre de **funciones**. Las funciones facilitan el desarrollo y mantenimiento de los programas, evitan errores, y ahorran memoria y trabajo innecesario. Una misma función puede ser utilizada por diferentes programas, y por tanto no es necesario rescribirla. Además, una función es una parte de código independiente del programa principal y de otras funciones, manteniendo una gran independencia entre las variables respectivas, y evitando errores y otros efectos colaterales de las modificaciones que se introduzcan.

Mediante el uso de funciones se consigue un código limpio, claro y elegante. La adecuada división de un programa en funciones constituye un aspecto fundamental en el desarrollo de programas de cualquier tipo. Las funciones, ya compiladas, pueden guardarse en *librerías*. Las librerías son conjuntos de funciones compiladas, normalmente con una finalidad análoga o relacionada, que se guardan bajo un determinado nombre listas para ser utilizadas por cualquier usuario.

3.2 Definición de una función

La *definición de una función* consiste en la definición del código necesario para que ésta realice las tareas para las que ha sido prevista. La definición de una función se debe realizar en alguno de los ficheros que forman parte del programa. La forma general de la definición de una función es la siguiente:

```
tipo_valor_de_retorno nombre_funcion(lista de argumentos con tipos){
declaración de variables
codigo ejecutable
return (expresión); // optativo
}
```

La primera línea recibe el nombre de **encabezamiento** (header) y el resto de la definición –encerrado entre llaves– es el **cuerpo (bod**y) de la función. Cada función puede disponer de sus propias variables, *declaradas* al comienzo de su código. Estas variables, por defecto, son de tipo **auto**, es decir, sólo son visibles dentro del bloque en el que han sido definidas, se crean cada vez que se ejecuta la función y permanecen ocultas para el resto del programa. Si estas variables de definen como **static**, conservan su valor entre distintas llamadas a la función. También pueden hacerse visibles a la función *variables globales* definidas en otro fichero (o en el mismo fichero, si la definición está por debajo de donde se utilizan), declarándolas con la palabra clave **exter**n.

El *código ejecutable* es el conjunto de instrucciones que deben ejecutarse cada vez que la función es llamada. La *lista de argumentos con tipos*, también llamados **argumentos formale**s, es una lista de declaraciones de variables, precedidas por su *tipo* correspondiente y separadas por comas (,). Los *argumentos formales* son la forma más natural y directa para que la función reciba valores desde el programa que la llama, correspondiéndose en número y tipo con otra lista de argumentos -los **argumentos actuale**s- en el programa que realiza la llamada a la función. Los *argumentos formales* son declarados en el encabezamiento de la función, pero no pueden ser inicializados en él. Cuando una función es ejecutada, puede devolver al programa que la ha llamado un valor (el *valor de retorn*o), cuyo tipo debe ser especificado en el encabezamiento de la función (sino se especifica, se supone por defecto el tipo *in*t). Si no se desea que la función devuelva ningún valor, el *tipo del valor de retorno* deberá ser **voi**d.

La sentencia **return** permite devolver el control al programa que llama. Puede haber varias sentencias *return* en una misma función. Si no hay ningún *retum*, el control se devuelve cuando se llega al final del *cuerpo* de la función. Le palabra clave *return* puede ir seguida de una *expresión*, en cuyo caso ésta es evaluada y el valor resultante devuelto al programa que llama como *valor de retorno* (si hace falta, con una conversión previa al *tipo* declarado en el encabezamiento). Los paréntesis que engloban a la *expresión* que sigue a *return* son optativos.

El valor de retorno es un valor único: *no puede ser un vector o una matriz*, aunque sí un *puntero* a un vector o a una matriz. Sin embargo, *el valor de retorno sí puede ser una estructura*, que a su vez puede contener vectores y matrices como elementos miembros.

```
double valor_abs(double x)

{

if (x < 0.0)

return -x;

else

return x;

}
```

Como ejemplo supóngase que se va a calcular a menudo el *valor absoluto* de variables de tipo *double*. Una solución es definir una función que reciba como argumento el valor de la variable y devuelva ese valor absoluto como valor de retorno. La definición de esta función podría ser como sigue:

3.3 Declaración y llamada de una función

De la misma manera que en C es necesario declarar todas las variables, también *toda función debe ser declarada* antes de ser utilizada en la función o programa que realiza la llamada. De todas formas, ahora se verá que aquí hay una mayor flexibilidad que en el caso de las variables.

En C la declaración de una función se puede hacer de tres maneras:

a) Mediante una **llamada** a la función. En efecto, cuando una función es llamada sin que previamente haya sido *declarada* o *definida*, esa llamada sirve como declaración suponiendo *int* como tipo del valor de retorno, y el tipo de los argumentos actuales como tipo de los argumentos formales. Esta práctica es muy peligrosa (es fuente de numerosos errores) y debe ser evitada.
b) Mediante una **definición** previa de la función. Esta práctica es segura si la definición precede a la *llamada*, pero tiene el inconveniente de que si la definición se cambia de lugar, la propia llamada pasa a ser declaración como en el caso a).
c) Mediante una **declaración** explícita, previa a la *llamada*. Esta es la práctica más segura y la que hay que tratar de seguir siempre. La declaración de la función se hace mediante el **prototipo** de la función, bien fuera de cualquier bloque, bien en la parte de declaraciones de un bloque.

C++ es un poco más restrictivo que C, y obliga a declarar explícitamente una función

antes de llamarla. La forma general del *prototipo* de una función es la siguiente:

```
tipo_valor_de_retorno nombre_funcion(lista de tipos de argumentos);
```

Esta forma general coincide sustancialmente con la primera línea de la definición –el encabezamiento-, con dos pequeñas diferencias: en vez de la lista de argumentos formales o parámetros, *en el prototipo basta incluir los tipos de dichos argumento*s. Se pueden incluir también identificadores a continuación de los tipos, pero son ignorados por el compilador.

Además, una segunda diferencia es que el *prototipo* termina con un carácter (;). Cuando no hay argumentos formales, se pone entre los paréntesis la palabra *voi*d, y se pone también **void** precediendo al nombre de la función cuando no hay valor de retorno.

Compiladores

Los *prototipos* permiten que el compilador realice correctamente la conversión del tipo del valor de retorno, y de los *argumentos actuales* a los tipos de los *argumentos formales*. *La declaración de las funciones mediante los prototipos suele hacerse al comienzo del fichero, después de los* **#define** *e* **#includ**e. En muchos casos –particularmente en programas grandes, con muchos ficheros y muchas funciones–, se puede crear un fichero (con la extensión .h) con todos los prototipos de las funciones utilizadas en un programa, e incluirlo con un **#include** en todos los ficheros en que se utilicen dichas funciones.

La ***llamada a una función*** se hace incluyendo su *nombre* en una expresión o sentencia del programa principal o de otra función. Este nombre debe ir seguido de una lista de *argumentos* separados por comas y encerrados entre paréntesis. A los argumentos incluidos en la llamada se les llama **argumentos actuale**s, y pueden ser no sólo variables y/o constantes, sino también *expresione*s. Cuando el programa que llama encuentra el nombre de la función, evalúa los *argumentos actuales* contenidos en la llamada, los convierte si es necesario al tipo de los *argumentos formale*s, y **pasa copias de dichos valores** a la función junto con el control de la ejecución.

El número de *argumentos actuales* en la llamada a una función debe coincidir con el número de *argumentos formales* en la definición y en la declaración. Existe la posibilidad de definir funciones con un *número variable o indeterminado* de argumentos. Este número se concreta luego en el momento de llamarlas. Las funciones **printf()** y **scanf()**, que se verán en la sección siguiente, son ejemplos de funciones con número variable de argumentos.

Cuando se llama a una función, después de realizar la conversión de los argumentos actuales, se ejecuta el código correspondiente a la función hasta que se llega a una sentencia **return** o al final del cuerpo de la función, y entonces se devuelve el control al programa que realizó la llamada, junto con el *valor de retorno* si es que existe (convertido previamente al *tipo* especificado en el *prototipo*, si es necesario). Recuérdese que el valor de retorno puede ser un valor numérico, una dirección (un puntero), o una estructura, pero no una matriz o un vector.

La llamada a una función puede hacerse de muchas formas, dependiendo de qué clase de tarea realice la función. Si su papel fundamental es *calcular un valor de retorno* a partir de uno o más argumentos, lo más normal es que sea llamada incluyendo su nombre seguido de los argumentos actuales en una *expresión aritmética* o de otro tipo. En este caso, la llamada a la función hace el papel de un operando más de la expresión.

Obsérvese cómo se llama a la función *seno* en el ejemplo siguiente:

a = d * sin(alpha) / 2.0;

En otros casos, *no existirá valor de retorno* y la llamada a la función se hará incluyendo en el programa una sentencia que contenga solamente el nombre de la función, siempre seguido por los argumentos actuales entre paréntesis y terminando con un carácter (;). Por ejemplo, la siguiente sentencia llama a una función que multiplica dos matrices (nxn) **A** y B, y almacena el resultado en otra matriz C. Obsérvese que en este caso no hay valor de retorno (un poco más adelante se trata con detalle la forma de pasar vectores y matrices como argumentos de una función):

prod_mat(n, A, B, C);

Hay también *casos intermedios* entre los dos anteriores, como sucede por ejemplo con las funciones de entrada/salida que se verán en la próxima sección. Dichas funciones tienen valor de retorno, relacionado de ordinario con el número de datos leídos o escritos sin errores, pero es muy frecuente que no se haga uso de dicho valor y que se llamen al modo de las funciones que no lo tienen.

La declaración y la llamada de la función **valor_abs()** antes definida, se podría realizar de la forma siguiente. Supóngase que se crea un fichero *prueba.c* con el siguiente contenido:

```
// fichero prueba.c
#include <stdio.h>
double valor_abs(double); // declaración
void main (void)
{
    double z, y;
    y = -30.8;
    z = valor_abs(y) + y*y; // llamada en una expresion
}
```

La función **valor_abs()** recibe un valor de tipo *double*. El valor de retorno de dicha función (el valor absoluto de y), es introducido en la expresión aritmética que calcula z. La declaración (double valor_abs(double)) no es estrictamente necesaria cuando la

definición de la función está en el mismo archivo *buscar.c* que **main()**, y dicha definición está antes de la llamada.

3.4 Paso de argumentos por valor y por referencia

En la sección anterior se ha comentado que en la llamada a una función los **argumentos actuales** son evaluados y se pasan **copias** de estos valores a las variables que constituyen los **argumentos formales** de la función. Aunque los argumentos actuales sean variables y no expresiones, y haya una correspondencia biunívoca entre ambos tipos de argumentos, los cambios que la función realiza en los argumentos formales no se trasmiten a las variables del programa que la ha llamado, precisamente porque lo que la función ha recibido son *copias*. El modificar una copia no repercute en el original. A este mecanismo de paso de argumentos a una función se le llama **paso por valor**. Considérese la siguiente función para permutar el valor de sus dos argumentos **x** e y:

```
void permutar(double x, double y) // funcion incorrecta
{
double temp;
temp = x;
x = y;
y = temp;
}
```

La función anterior podría ser llamada y comprobada de la siguiente forma:

```
#include <stdio.h>

void main(void)

{

double a=1.0, b=2.0;

void permutar(double, double);

printf("a = %lf, b = %lf\n", a, b);

permutar(a, b);

printf("a = %lf, b = %lf\n", a, b);

}
```

Compilando y ejecutando este programa se ve que **a** y **b** siguen teniendo los mismos valores antes y después de la llamada a **permutar()**, a pesar de que en el interior de la función los valores sí se han permutado (es fácil de comprobar introduciendo en el código de la función los **printf()** correspondientes). La razón está en que *se han permutado los valores de las copias* de **a** y b, pero no los valores de las propias variables. Las variables podrían ser permutadas si se recibieran sus direcciones (en realidad, *copias* de dichas direcciones). Las direcciones deben recibirse en *variables puntero*, por lo que los argumentos formales de la función deberán ser punteros. Una versión correcta de la función **permutar()** que pasa

direcciones en vez de valores sería como sigue:

```
void permutar(double *x, double *y)
{
double temp;
temp = *x;
*x = *y;
*y = temp;
```

```
}
```

que puede ser llamada y comprobada de la siguiente forma:

```
#include <stdio.h>
void main(void)
{
double a=1.0, b=2.0;
void permutar(double *, double *);
printf("a = %lf, b = %lf\n", a, b);
permutar(&a, &b);
printf("a = %lf, b = %lf\n", a, b);
}
```

Al mecanismo de paso de argumentos mediante direcciones en lugar de valores se le llama *paso por referencia*, y deberá utilizarse siempre que la función deba devolver argumentos modificados. Un caso de particular interés es el paso de *arrays* (vectores, matrices y cadenas de caracteres). Este punto se tratará con más detalle un poco más adelante. Baste decir ahora que como **los nombres de los arrays son punteros** (es decir, direcciones), dichos datos *se pasan por referencia*, lo cual tiene la ventaja adicional de que no se gasta memoria y tiempo para pasar a las funciones copias de cantidades grandes de información.

Un caso distinto es el de las *estructuras*, y conviene tener cuidado. Por defecto *las* **estructuras se pasan por valor**, y pueden representar también grandes cantidades de datos (pueden contener *arrays* como miembros) de los que se realizan y transmiten copias, con la consiguiente pérdida de eficiencia. Por esta razón, *las estructuras se suelen pasar de modo explícito por referencia, por medio de punteros a las mismas*.

3.5 La función main() con argumentos

Cuando se ejecuta un programa desde *MS-DOS* tecleando su nombre, existe la posibilidad de pasarle algunos datos, tecleándolos a continuación en la misma línea. Por ejemplo, se le puede pasar algún valor numérico o los nombres de algunos ficheros en los que tiene que leer o escribir información. Esto se consigue por medio de argumentos que se pasan a la función **main()**, como se hace con otras funciones.

Así pues, a la función **main()** se le pueden pasar argumentos y también puede tener valor de retorno. El primero de los argumentos de **main()** se suele llamar **arg**c, y es una variable *int* que contiene el número de palabras que se teclean a continuación del nombre del programa cuando éste se ejecuta. El segundo argumento se llama **arg**v, y es un *vector de punteros a carácter* que contiene las direcciones de la primera letra o carácter de dichas palabras. A continuación se presenta un ejemplo:

```
int main(int argc, char *argv[])
{
   int cont;
   for (cont=0; cont<argc; cont++)
     printf("El argumento %d es: %s\n", cont, argv[cont]);
   printf("\n");
   return 0;
}
```

3.7. Funciones para cadenas de caracteres

En C, existen varias funciones útiles para el manejo de cadenas de caracteres. Las más utilizadas son: **strlen()**, **strcat()**, **strcmp()** y **strcpy()**. Sus prototipos o declaraciones están en el fichero **string**.h, y son los siguientes (se incluye a continuación una explicación de cómo se utiliza la función correspondiente).

FUNCIÓN STRLEN()

El prototipo de esta función es como sigue:

```
unsigned strlen(const char *s);
```

Explicación: Su nombre proviene de *string length*, y su misión es contar el número de caracteres de una cadena, sin incluir el '\0' final. El paso del argumento se realiza *por referencia*, pues como argumento se emplea un puntero a la cadena (tal que el valor al que apunta es constante para la función; es decir, ésta no lo puede modificar), y devuelve un entero sin signo que es el número de caracteres de la cadena.

La palabra **const** impide que dentro de la función la cadena de caracteres que se pasa

como argumento sea modificada.

FUNCIÓN STRCAT()

El prototipo de esta función es como sigue:

```
char *strcat(char *s1, const char *s2);
```

Explicación: Su nombre proviene de *string concatenación*, y se emplea para unir dos cadenas de caracteres poniendo **s2** a continuación de **s1**. El valor de retorno es un puntero a **s1**. Los argumentos son los punteros a las dos cadenas que se desea unir. La función almacena la cadena completa en la primera de las cadenas. ¡PRECAUCIÓN! Esta función no prevé si tiene sitio suficiente para almacenar las dos cadenas juntas en el espacio reservado para la primera.

Esto es responsabilidad del programador.

FUNCIONES STRCMP() Y STRCOMP()

El prototipo de la función **strcmp()** es como sigue:

```
int strcmp(const char *s1, const char *s2)
```

Explicación: Su nombre proviene de *string comparison*. Sirve para comparar dos cadenas de caracteres. Como argumentos utiliza punteros a las cadenas que se van a comparar. La función devuelve cero si las cadenas son iguales, un valor menor que cero si **s1** es menor –en orden alfabético– que **s2**, y un valor mayor que cero si **s1** es mayor que **s2**. La función **strcomp()** es completamente análoga, con la diferencia de que no hace distinción entre letras mayúsculas y minúsculas).

FUNCIÓN STRCPY()

El prototipo de la función **strcpy()** es como sigue:

```
char *strcpy(char *s1, const char *s2)
```

Explicación: Su nombre proviene de *string copy* y se utiliza para copiar cadenas. Utiliza como argumentos dos punteros a carácter:

el primero es un puntero a la cadena copia, y el segundo es un puntero a la cadena original. El valor de retorno es un puntero a la cadena copia **s**1.

Es muy importante tener en cuenta que en C no se pueden copiar cadenas de caracteres directamente, por medio de una sentencia de asignación. Por ejemplo, sí se puede asignar un texto a una cadena en el momento de la declaración:

char s[] = "Esto es una cadena"; // correcto

Sin embargo, sería ilícito hacer lo siguiente:

char s1[20] = "Esto es una cadena";

char s2[20];

// Si se desea que s2 contenga una copia de s1

s2 = s1; // incorrecto: se hace una copia de punteros

strcpy(s2, s1); // correcto: se copia toda la cadena

3.8 Paso de arrays como argumentos a una función

Para considerar el paso de *arrays* (vectores y matrices) como argumentos de una función, hay que recordar algunas de sus características, en particular su relación con los *punteros* y la forma en la que las matrices se almacenan en la memoria. Este tema se va a presentar por medio de un ejemplo: una función llamada **prod()** para realizar el producto de matriz cuadrada por vector ([a]{x}={y}).

Para que la definición de la función esté completa es necesario dar las dimensiones de la matriz que se le pasa como argumento (excepto la 1ª, es decir, excepto el n° de filas), con objeto de poder reconstruir la fórmula de direccionamiento, en la que interviene el número de columnas pero no el de filas. El encabezamiento de la definición sería como sigue:

void prod(int n, double a[][10], double x[], double y[])

{...}

Dicho encabezamiento se puede también establecer en la forma:

void prod(int n, double (*a)[10], double *x, double *y)

{...}

donde el paréntesis (*a) es necesario para que sea "puntero a vector de tamaño 10", es decir, puntero a puntero. Sin paréntesis sería "vector de tamaño 10, cuyos elementos son punteros", por la mayor prioridad del operador [ ] sobre el operador *.

La declaración de la función **prod()** se puede hacer en la forma:

void prod(int, double a[][10], double x[], double y[]);

o bien,

void prod(int n, double (*a)[10], double *x, double *y);

Para la llamada basta simplemente utilizar los nombres de los argumentos:

```
double a[10][10], x[10], y[10];

...

prod(nfilas, a, x, y);
```

En todos estos casos **a** es un *puntero a puntero*, mientras que **x** e **y** son *puntero*s.

Tema 6. Recursividad

1. Introducción.

2. Recursividad *versus* iteración.

3. Ejemplos.

Objetivos del tema:

En este tema se dotará al alumno de los conocimientos necesarios para resolver cualquier problema a través de la técnica de Recursividad.

1. Introducción.

La recursividad es un concepto muy importante en Informática. Se puede usar para formular soluciones elegantes y muy sencillas a problemas que son muy difíciles de formular de otra manera.

¿Que es recursividad? Una función recursiva es una función que se llama a sí misma. Parece que es complicado pero lo útil de una función recursiva es que nos permite dividir un problema en sub-problemas más sencillos que necesitan resolverse de la misma manera, hasta que llegamos a un punto en el que el problema es tan simple que se le puede dar una solución directa. En este momento las soluciones se van combinando hasta llegar a la solución del problema original.

2. Recursividad *versus* iteración.

La manera más sencilla de introducir recursividad es por medio de ejemplos que nos enseñaran a pensar recursivamente.

Vamos a examinar un ejemplo sencillo y presentamos dos posibles maneras de resolver el problema. **Sumar los cuadrados de los números enteros comprendidos entre m y n.**

```
                        Solución iterativa

    Int SumCuadrado(int, m, int n) {

        Int I, sum;

        Sum=0;

        For (I=m; I<=n; I++) {

                Sum += I * I;

        }

            return Sum;

        }
```

En esta solución iterativa se va construyendo la suma sumándole a la suma anterior, el cuadrado del numero números hasta que I llega al valor n donde sum contiene ya la solución.

Ahora tenemos que pensar en como dividir el problema en sub problemas que se pueden resolver usando el mismo método que el problema anterior, y las soluciones de los sub-problemas se van combinando para construir la solución general.

En la solución propuesta podemos ver que la función se va llamando recursivamente hasta que m=n, en ese momento parara y los resultados del calculo de cada función se van sumando.

Solución Recursiva

```
Int SumCuad (intm, int n) {
    If (m < n)
        Return m*m + SumCuad(m+1, n);
```

Atención: Hay que tener cuidado y siempre verificar que la función recursiva termina, de lo contrario nos meteremos en un bucle infinito que hará que haya un desbordamiento en la pila del ordenador y por tanto falle el programa.

Veamos como se realizarían las llamadas a la función.

Para entender el comportamiento de nuestras funciones recursivas es bueno crear un árbol que visualiza la recursividad. En el árbol podemos visualizar la llamada y anotar el valor que se va almacenando después de cada llamada. Por ejemplo el árbol asociado con la segunda solución a nuestro problema seria;

Otra manera de visualizar el comportamiento es por medio de un trazado de la llamada recurrida (Call Trace). Algunos sistemas de C tienen debuggers que permiten visualizar las llamadas recursivas de esta manera.

SumCuadrado(5,8)=5*5 +SumCuadrado(6,8) [1]

$$6*6+SumCuadrado(7,8)[2]$$

$$7*7+SumCuadrado(8,8)[3]$$

$$64$$

En este punto C comienza a sustituir las llamadas a las funciones por sus valores. Así [3] es sustituido por 64 con lo cual esa linea vale 7*7+64=113 por tanto [2] es sustituido por 113 por lo que esa línea vale 6*6+113 =149. Entonces [1] es sustituido por este valor y se realiza la última operación que sería 5*5+149 =174 que sería lo que la función devuelve.

Más Ejemplos

El factorial de un numero

- Algoritmo iterativo para calculo del Factorial de un numero:

```
int Factorial(int n)
{
    int i, f;
    f = 1;
    for (i=2; i <= n; ++i)  f *= i;
    return f;
}
```

- Algoritmo recursivo para el calculo del factorial

```
int Factorial(int n)
{
```

```
    if (n == 1)    return 1;              /* base case */
    else
        return  n * Factorial(n - 1);           /* recursion */
}
```

Recorridos de un árbol de forma recursiva.

```
/* Izquierda Raíz Derecho */
void InOrden(struct e *raiz )
{
        if ( raiz )
        {
                InOrden( raiz->i );
                printf( "%d\n", raiz->v );
                InOrden( raiz->d );
        }
}

/* Izquierda Derecha Raiz */
void PostOrden( struct e *raiz )
{
        if ( raiz )
        {
                PostOrden( raiz->i );
                PostOrden( raiz->d );
                printf( "%d\n", raiz->v );
        }
}

/* Raíz Izquierda Derecha */
void PreOrden( struct e *raiz )
{
        if ( raiz )
        {
                printf( "%d\n", raiz->v );
                PreOrden( raiz->i );
                PreOrden( raiz->d );
        }
}
```

Tema 7: Utilización del lenguaje C en los elementos de la metodología de la Programación

1. Introducción
2. Estructura de un programa en C
3. Tipos de datos
4. Operadores y expresiones
5. Sentencias de un programa

Objetivos del tema

En esta unidad de trabajo se dotará al alumno de los conocimientos necesarios para escribir cualquier problema resuelto a través de algoritmos, en el lenguaje de programación C.

1. Introducción.

El lenguaje C fue inventado e implementado por primera vez por Dennis Ritchie en un DEC PDP-11 usando UNIX como sistema operativo. Fue el resultado de un proceso de desarrollo de otro lenguaje anterior denominado B que en los años setenta desembocó en el desarrollo del C. A finales de los ochenta se estableció el estándar de C denominado ANSI C. (ANSI es el Instituto de Estándares Americano).

Podríamos decir que C es un lenguaje de nivel medio, ya que combina los elementos de lenguajes de alto nivel con la funcionalidad del lenguaje ensamblador.

C es un lenguaje estructurado. Eso implica que se desaconseja el uso de los **goto.** El componente principal de C es la función. Estas son los bloques constitutivos en los que se desarrolla toda la actividad de los programas. Permiten definir las tareas de un programa y codificarlas por separado, haciendo que los programas sean modulares.

Otra forma de estructuración en C viene dada por el uso de bloques de código. Un bloque de código es un grupo de sentencias de un programa conectadas de forma lógica que es tratado como una unidad. Estos bloque se crean colocando una serie de sentencias entre llaves.

C es un lenguaje para programadores ya que establece pocas restricciones, estructuras de bloques, compacto conjunto de palabras clave, etc. Usando C un programador puede alcanzar la eficiencia del código ensamblador con la estructuración y claridad que da un lenguaje de alto nivel. Esto hace también que C sea un lenguaje muy versátil en el sentido de que podemos desarrollar con él desde un sistema operativo hasta un programa de gestión, aprovechando además la portabilidad que nos dan los lenguajes de alto nivel.

2. Estructura de un programa en C

```
#include "ficheros con prototipos de funciones a usar en el
programa"

Declaraciones de variables globales


Void main( )
{
   variables locales;
   sentencias;
}

tipo f1([parámetros] )
{
```

Todo programa C, desde el más pequeño hasta el más complejo, tiene un *programa principal* que es con el que se comienza la ejecución del programa. Este programa principal es también una función, pero una función que está por encima de todas las demás. Esta función se llama **main()** y tiene la forma siguiente (la palabra *void* es opcional en este caso):

```
void main(void)

{

sentencia_1

sentencia_2
```

Las *llaves* {...} constituyen el modo utilizado por el lenguaje C para agrupar varias sentencias de modo que se comporten como una sentencia única *(sentencia compuesta* o *bloque*). Todo el cuerpo de la función debe ir comprendido entre las llaves de apertura y cierre.

3. Tipos de datos

Existen cinco tipos de datos atómicos en C:

Tipo	bits	rango
char	8	0 a 255
int	16	-32.768 a 32.767
float	32	3,4 E -38 a 3,4 E +38
double	64	1,7 E -308 a 1,7 E +308
void	0	sin valor

El **void** se usa para declarar funciones que no devuelven ningún valor o para declarar funciones sin parámetros.

Modificadores de tipos

signed

unsigned

long

short

Los modificadores **signed, unsigned, long** y **short** se pueden aplicar a los tipos base entero y carácter. Sin embargo, **long** también se puede aplicar a **double**.

Tipo	bits	Rango
char	8	-128 a 127
unsigned char	8	0 a 255
signed char	8	-128 a 127
int	16	-32.768 a 32.767
unsigned int	16	0 a 65.535
signed int	16	-32.768 a 32.767
short int	16	-32.768 a 32.767
unsigned short int	16	0 a 65.535
signed short int	16	-32.768 a 32.767
long int	32	-2147483648 a 2147483647
signed long int	32	-2147483648 a 2147483647
float	32	3,4 E -38 a 3,4 E +38
double	64	1,7 E -308 a 1,7 E +308
long double	64	1,7 E -308 a 1,7 E +308

Modificadores de acceso

Las variables de tipo **const** no pueden ser cambiadas durante la ejecución del programa. Por ejemplo,

const int a;

Declaración de variables

Todas las variables han de ser declaradas antes de ser usadas. Forma general:

tipo lista_de_variables;   int i,j,l;

short int si;

Existen tres sitios donde se pueden declarar variables: dentro de las funciones (variables locales), en la definición de parámetros de funciones (parámetros formales) y fuera de todas las funciones (variables globales).

Normas para la elección de un nombre de un identificador (variable, nombre de función).

Ya se ha explicado lo que es un *identificado*r: un nombre con el que se hace referencia a una función o al contenido de una zona de la memoria (variable). Cada lenguaje tiene sus propias reglas respecto a las posibilidades de elección de nombres para las funciones y variables. En ANSI C estas reglas son las siguientes:

1. Un *identificador* se forma con una secuencia de *letras* (minúsculas de la *a* a la z; mayúsculas de la *A* a la Z; y *dígitos* del *0* al 9).
2. El carácter **subrayado** o **underscore** (_) se considera como una letra más.
3. Un identificador no puede contener espacios en blanco, ni otros caracteres distintos de los citados, como por ejemplo (*,;.:-+, etc.).
4. El primer carácter de un identificador debe ser siempre una letra o un (_), es decir, no puede ser un dígito.
5. Se hace distinción entre letras mayúsculas y minúsculas. Así, **Masa** es considerado como un identificador distinto de **masa** y de **MAS**A.
6. ANSI C permite definir identificadores de hasta 31 caracteres de longitud.

Ejemplos de identificadores válidos son los siguientes:

tiempo, distancia1, caso_A, PI, velocidad_de_la_luz

Por el contrario, los siguientes nombres no son válidos (¿Por qué?)

1_valor, tiempo-total, dolares$, %final

En general es muy aconsejable *elegir los nombres* de las funciones y las variables de forma que permitan conocer a simple vista qué tipo de variable o función representan, utilizando para ello tantos caracteres como sean necesarios. Esto simplifica enormemente la tarea de programación y –sobre todo– de corrección y mantenimiento de los programas. Es cierto que los nombres largos son más laboriosos de teclear, pero en general resulta rentable tomarse esa pequeña molestia.

5. Palabras clave del C

En C, como en cualquier otro lenguaje, existen una serie de palabras clave *(keywords)* que el usuario no puede utilizar como identificadores (nombres de variables y/o de funciones). Estas palabras sirven para indicar al computador que realice una tarea muy determinada (desde evaluar una comparación, hasta definir el tipo de una variable) y tienen un especial significado para el compilador. El C es un lenguaje muy conciso, con muchas menos palabras clave que otros lenguajes. A continuación se presenta la lista de las 32 palabras clave del ANSI C, para las que más adelante se dará detalle de su significado (algunos compiladores añaden otras palabras clave, propias de cada uno de ellos. Es importante evitarlas como identificadores):

auto	double	int	struct
break	else	long	switch
case	enum	register	typedef
char	extern	return	union
const	float unsigned	short	
continue	for	signed	void
default	goto	sizeof	volatile
do	if	static	while

Conversiones de tipo implícitas y explícitas(casting)

Las *conversiones implícitas de tipo* que tienen lugar cuando en una expresión se mezclan variables de distintos tipos. Por ejemplo, para poder sumar dos variables hace falta que ambas sean del mismo tipo. Si una es *int* y otra *float*, la primera se convierte a *float* (es decir, la variable del tipo de menor rango se convierte al tipo de mayor rango), antes de realizar la operación. A esta conversión automática e implícita de tipo (el programador no necesita intervenir, aunque sí conocer sus reglas), se le denomina *promoció*n, pues la variable de menor rango es *promocionada* al rango de la otra.

Así pues, cuando dos tipos diferentes de constantes y/o variables aparecen en una misma expresión relacionadas por un operador, el compilador convierte los dos operandos al mismo tipo de acuerdo con los rangos, que de mayor a menor se ordenan del siguiente modo:

long double > double > float > unsigned long > long > unsigned int > int > char

Otra clase de conversión implícita tiene lugar cuando el resultado de una expresión es

asignado a una variable, pues dicho resultado se convierte al tipo de la variable (en este caso, ésta puede ser de menor rango que la expresión, por lo que esta conversión puede perder información y ser peligrosa).

Por ejemplo, si **i** y **j** son variables enteras y **x** es double, x = i*j – j + 1;

En C existe también la posibilidad de realizar *conversiones explícitas de tipo* (llamadas **castin**g, en la literatura inglesa). El casting es pues una conversión de tipo, forzada por el programador. Para ello basta preceder la constante, variable o expresión que se desea convertir por el tipo al que se desea convertir, encerrado entre paréntesis.

En el siguiente ejemplo, k = (int) 1.7 + (int) masa;

la variable **masa** es convertida a tipo *int*, y la constante **1.7** (que es de tipo *double*) también. El *casting* se aplica con frecuencia a los valores de retorno de las funciones.

5. Operadores y expresiones

Operadores

Un **operador** *es un carácter o grupo de caracteres que actúa sobre una, dos o más variables para realizar una determinada **operación** con un determinado **resultad**o.* Ejemplos típicos de operadores son la *suma* (+), la *diferencia* (-), el *producto* (*), etc. Los operadores pueden ser **unario**s, **binario**s y **ternario**s, según actúen sobre uno, dos o tres operandos, respectivamente. En C existen muchos operadores de diversos tipos (éste es uno de los puntos fuertes del lenguaje), que se verán a continuación.

OPERADORES ARITMÉTICOS

Los **operadores aritméticos** son los más sencillos de entender y de utilizar. Todos ellos son operadores binarios. En C se utilizan los cinco operadores siguientes:

Suma: +

Resta: —

Multiplicación: *

División: /

Resto: %

Todos estos operadores se pueden aplicar a constantes, variables y expresiones. El resultado es el que se obtiene de aplicar la operación correspondiente entre los dos operandos. El único operador que requiere una explicación adicional es el operador **resto** %. En realidad su nombre completo es **resto de la división entera**. Este operador se aplica solamente a constantes, variables o expresiones de tipo *int*. Aclarado esto, su significado es evidente:

23%4 es 3, puesto que el resto de dividir 23 por 4 es 3.

Si **a%b** es cero, **a** es múltiplo de b.

Como se verá más adelante, una **expresión** es un conjunto de variables y constantes –y también de otras expresiones más sencillas– relacionadas mediante distintos operadores.

Un ejemplo de expresión en la que intervienen operadores aritméticos es el siguiente polinomio de grado 2 en la variable x:

5.0 + 3.0*x - x*x/2.0

Las expresiones pueden contener **paréntesis** (...) que agrupan a algunos de sus términos.

Puede haber paréntesis contenidos dentro de otros paréntesis. El significado de los paréntesis coincide con el habitual en las expresiones matemáticas, con algunas características importantes que se verán más adelante. En ocasiones, la introducción de espacios en blanco mejora la legibilidad de las expresiones.

OPERADORES DE ASIGNACIÓN

Los **operadores de asignación** atribuyen a una variable –es decir, depositan en la zona de memoria correspondiente a dicha variable– el resultado de una expresión o el valor de otra variable (en realidad, una variable es un caso particular de una expresión). El operador de asignación más utilizado es el **operador de igualdad** (=), que no debe ser confundido con la igualdad matemática. Su forma general es:

nombre_de_variable = expresion;.

cuyo funcionamiento es como sigue: se evalúa **expresion** y el resultado se deposita en **nombre_de_variable**, sustituyendo cualquier otro valor que hubiera en esa posición de memoria anteriormente. Una posible utilización de este operador es como sigue:

variable = variable + 1;

Desde el punto de vista matemático este ejemplo no tiene sentido (¡Equivale a 0 = 1!),

pero sí lo tiene considerando que en realidad *el operador de asignación (=) representa una sustitució*n; en efecto, se toma el valor de **variable** contenido en la memoria, se le suma una unidad y el valor resultante vuelve a depositarse en memoria en la zona correspondiente al identificador **variable**, sustituyendo al valor que había anteriormente. El resultado ha sido incrementar el valor de **variable** en una unidad. Así pues, una variable puede aparecer a la izquierda y a la derecha del operador (=). Sin embargo, *a la izquierda del operador de asignación (=) no puede haber nunca una expresió*n: tiene que ser necesariamente el nombre de una variable 5 . Es incorrecto, por tanto, escribir algo

así como:

a + b = c; // incorrecto

Existen otros cuatro operadores de asignación (+=, -=, *= y /=) formados por los 4 operadores aritméticos seguidos por el carácter de igualdad. Estos operadores simplifican algunas operaciones recurrentes sobre una misma variable. Su forma general es:

variable op= expresion;

donde **op** representa cualquiera de los operadores (+ - * /). La expresión anterior es equivalente a:

variable = variable op expresion;

A continuación se presentan algunos ejemplos con estos operadores de asignación:

distancia += 1; equivale a: distancia = distancia + 1;

rango /= 2.0 equivale a: rango = rango /2.0

x *= 3.0 * y - 1.0 equivale a: x = x * (3.0 * y - 1.0)

OPERADORES INCREMENTALES

Los **operadores incrementales** (++) y (--) son operadores unarios que incrementan o disminuyen **en una unidad** el valor de la variable a la que afectan. Estos operadores pueden ir inmediatamente delante o detrás de la variable. Si preceden a la variable, ésta es incrementada antes de que el valor de dicha variable sea utilizado en la expresión en la que aparece. Si es la variable la que precede al operador, la variable es incrementada después de ser utilizada en la expresión. A continuación se presenta un ejemplo de estos operadores:

i = 2;

j = 2;

m = i++; // despues de ejecutarse esta sentencia m=2 e i=3

n = ++j; // despues de ejecutarse esta sentencia n=3 y j=3

Estos operadores son muy utilizados. Es importante entender muy bien por qué los resultados **m** y **n** del ejemplo anterior son diferentes.

OPERADORES RELACIONALES

Una característica imprescindible de cualquier lenguaje de programación es la

de **considerar alternativa**s, esto es, la de proceder de un modo u otro según se cumplan o no ciertas condiciones. Los **operadores relacionales** permiten estudiar si se cumplen o no esas condiciones. Así pues, estos operadores producen un resultado u otro según se cumplan o no algunas condiciones que se verán a continuación.

En el lenguaje natural, existen varias palabras o formas de indicar si se cumple o no una determinada condición. En inglés estas formas son *(ye*s, *n*o), *(o*n, *of*f), *(tru*e, *fals*e), etc. En Informática se ha hecho bastante general el utilizar la última de las formas citadas: *(tru*e, *fals*e). Si una condición se cumple, el resultado es *tru*e; en caso contrario, el resultado es *fals*e.

En C un 0 representa la condición de *false*, y cualquier número distinto de 0 equivale a la condición *true*. Cuando el resultado de una expresión es *true* y hay que asignar un valor concreto distinto de cero, por defecto se toma un valor unidad. Los *operadores relacionales* de C son los siguientes:

– Igual que: ==

– Menor que: <

– Mayor que: >

– Menor o igual que: <=

– Mayor o igual que: >=

-- Distinto que: !=

Todos los *operadores relacionales* son operadores *binarios* (tienen dos operandos), y su forma general es la siguiente:

expresion1 op expresion2

donde *op* es uno de los operadores (==, <, >, <=, >=, !=). El funcionamiento de estos operadores es el siguiente: se evalúan **expresion1** y **expresion**2, y se comparan los valores resultantes. *Si la condición representada por el operador relacional se cumple, el*

resultado es 1; si la condición no se cumple, el resultado es 0.

A continuación se incluyen algunos ejemplos de estos operadores aplicados a constantes:

(2==1) // resultado=0 porque la condición no se cumple

(3<=3) // resultado=1 porque la condición se cumple

(3<3) // resultado=0 porque la condición no se cumple

(1!=1) // resultado=0 porque la condición no se cumple

OPERADORES LÓGICOS

Los **operadores lógicos** son operadores binarios que permiten combinar los resultados de los operadores relacionales, comprobando que se cumplen simultáneamente varias condiciones, que se cumple una u otra, etc. El lenguaje C tiene dos operadores lógicos: el operador **Y** (&&) y el operador **O** (||). En inglés son los operadores **and** y **or**. Su forma general es la siguiente:

expresion1 || expresion2

expresion1 && expresion2

El operador **&&** devuelve un 1 si tanto **expresion1** como **expresion2** son verdaderas (o

distintas de 0), y 0 en caso contrario, es decir si una de las dos expresiones o las dos son falsas (iguales a 0); por otra parte, el operador **||** devuelve 1 si al menos una de las expresiones es cierta. Es importante tener en cuenta que los compiladores de C tratan de optimizar la ejecución de estas expresiones, lo cual puede tener a veces efectos no deseados. Por ejemplo:

para que el resultado del operador **&&** sea verdadero, ambas expresiones tienen que ser verdaderas; si se evalúa **expresion1** y es falsa, ya no hace falta evaluar **expresion2**, y de hecho no se evalúa. Algo parecido pasa con el operador ||: si **expresion1** es verdadera, ya no hace falta evaluar **expresion2**.

Los operadores **&&** y **||** se pueden combinar entre sí –quizás agrupados entre paréntesis–, dando a veces un código de más difícil interpretación. Por ejemplo:

(2==1) || (-1==-1) // el resultado es 1

(2==2) && (3==-1) // el resultado es 0

((2==2) && (3==3)) || (4==0) // el resultado es 1

((6==6) || (8==0)) && ((5==5) && (3==2)) // el resultado es 0

Expresiones

Una expresión es una combinación de variables y/o constantes, y operadores. La expresión es equivalente al resultado que proporciona al aplicar sus operadores a sus operandos. Por ejemplo, 1+5 es una expresión formada por dos *operandos* (1 y 5) y un *operador* (el +); esta expresión es equivalente al valor 6, lo cual quiere decir que allí donde esta expresión aparece en el programa, en el momento de la ejecución es evaluada y sustituida por su resultado. Una expresión puede estar formada por otras expresiones más sencillas, y puede contener paréntesis de varios niveles agrupando distintos términos. En C existen distintos tipos de expresiones.

EXPRESIONES ARITMÉTICAS

Están formadas por variables y/o constantes, y distintos operadores aritméticos e incrementales (+, -, *, /, %, ++, --). Como se ha dicho, también se pueden emplear paréntesis de tantos niveles como se desee, y su interpretación sigue las normas aritméticas convencionales. Por ejemplo, la solución de la ecuación de segundo grado:

$$x=(-b+sqrt((b*b)-(4*a*c)))/(2*a);$$

donde, estrictamente hablando, sólo lo que está a la derecha del operador de asignación (=) es una expresión aritmética. El conjunto de la variable que está a la izquierda del signo (=), el operador de asignación, la expresión aritmética y el carácter (;) constituyen una **sentenci**a. En la expresión anterior aparece la llamada a la **función de librería sqrt()**, que tiene como **valor de retorno** la raíz cuadrada de su único **argument**o. En las expresiones se pueden introducir espacios en blanco entre operandos y operadores; por ejemplo, la expresión anterior se puede escribir también de la forma:

$$x = (-b + sqrt((b * b) - (4 * a * c)))/(2 * a);$$

EXPRESIONES LÓGICAS

Los elementos con los que se forman estas expresiones son **valores lógico**s; *verdaderos (tru*e, o distintos de 0) y *falsos (fals*e, o iguales a 0), y los **operadores lógicos** ||, **&&** y !. También se pueden emplear los **operadores relacionales** (<, >, <=, >=, ==, !=) para producir estos valores lógicos a partir de valores numéricos. Estas expresiones equivalen siempre a un valor 1 *(tru*e) o a un valor 0 *(fals*e). Por ejemplo:

$$a = ((b>c)\&\&(c>d))||((c==e)||(e==b));$$

donde de nuevo la **expresión lógica** es lo que está entre el operador de asignación (=) y el (;). La variable **a** valdrá 1 si **b** es mayor que **c** y **c** mayor que d, ó si **c** es igual a **e** ó **e** es igual a b.

EXPRESIONES GENERALES

Una de las características más importantes (y en ocasiones más difíciles de manejar) del C es su flexibilidad para combinar expresiones y operadores de distintos tipos en una expresión que se podría llamar *general*, aunque es una expresión absolutamente ordinaria de C.

Recuérdese que el resultado de una expresión lógica es siempre un valor numérico (un 1 ó un 0); esto permite que cualquier expresión lógica pueda aparecer como sub-expresión en una expresión aritmética. Recíprocamente, cualquier valor numérico puede ser considerado como un valor lógico: *true* si es distinto de 0 y *false* si es igual a 0. Esto permite introducir cualquier expresión aritmética como sub-expresión de una expresión lógica. Por ejemplo:

$$(a - b*2.0) \;\&\&\; (c \;!= d)$$

A su vez, *el operador de asignación* (=), además de introducir un nuevo valor en lavariable que figura a su izda, *deja también este valor disponible para ser utilizado* en una expresión más general. Por ejemplo, supóngase el siguiente código que inicializa a 1 las tres variables a, **b** y c:

$$a = b = c = 1;$$

que equivale a:

$$a = (b = (c = 1));$$

En realidad, lo que se ha hecho ha sido lo siguiente. En primer lugar se ha asignado un valor unidad a c; el resultado de esta asignación es también un valor unidad, que está

disponible para ser asignado a b; a su vez el resultado de esta segunda asignación vuelve a quedar disponible y se puede asignar a la variable a.

Reglas de precedencia y asociatividad

El resultado de una expresión depende del orden en que se ejecutan las operaciones. El siguiente ejemplo ilustra claramente la importancia del orden. Considérese la expresión:

3 + 4 * 2

Si se realiza primero la suma (3+4) y después el producto (7*2), el resultado es 14; si se realiza primero el producto (4*2) y luego la suma (3+8), el resultado es 11. Con objeto de que el resultado de cada expresión quede claro e inequívoco, es necesario definir las reglas que definen el orden con el que se ejecutan las expresiones de C. Existe dos tipos de reglas para determinar este orden de evaluación: las reglas de *precedencia* y de *asociativida*d. Además, el orden de evaluación puede modificarse por medio de paréntesis, pues *siempre se realizan primero las operaciones encerradas en los paréntesis más interiore*s. Los distintos operadores de C se ordenan según su distinta *precedencia* o prioridad; para operadores de la misma precedencia o prioridad, en algunos el orden de ejecución es de izquierda a derecha, y otros de derecha a izquierda (se dice que *se asocian* de izda a dcha, o de dcha a izda). A este orden se le llama *asociativida*d.

A continuación se muestra la precedencia –disminuyendo de arriba a abajo– y la asociatividad de los operadores de C.

Prioridad de los operadores en C

() [] -> . izda a dcha

++ -- ! sizeof (tipo)

+(unario) -(unario) dcha a izda

* / % izda a dcha

+ - izda a dcha

== != izda a dcha

Como se puede ver en la tabla se indica que el operador (*) tiene precedencia sobre el operador (+). Esto quiere decir que, en ausencia de paréntesis, el resultado de la expresión 3+4*2 es 11 y no 14. Los operadores binarios (+) y (-) tienen igual precedencia, y asociatividad de izda a dcha. Eso quiere decir que en la expresión, a-b+d*5.0+u/2.0 // (((a-b)+(d*5.0))+(u/2.0)) el orden de evaluación es el indicado por los paréntesis. (Las últimas operaciones en ejecutarse son las de los paréntesis más exteriores).

6. Sentencias de un programa.

Las **expresiones** de C son unidades o componentes elementales de unas entidades de rango superior que son las **sentencias**. Las sentencias son unidades completas, ejecutables en sí mismas. Ya se verá que muchos tipos de sentencias incorporan expresiones aritméticas, lógicas o generales como componentes de dichas sentencias.

SENTENCIAS SIMPLES

Una sentencia simple es una expresión de algún tipo terminada con un carácter (;). Un caso típico son las declaraciones o las sentencias aritméticas. Por ejemplo:

float real;

espacio = espacio_inicial + velocidad * tiempo;

SENTENCIA VACÍA Ó NULA

En algunas ocasiones es necesario introducir en el programa una sentencia *que ocupe un lugar, pero que no realice ninguna tarea*. A esta sentencia se le denomina **sentencia vacía** y consta de un simple carácter (;). Por ejemplo:

;

SENTENCIAS COMPUESTAS O BLOQUES

Muchas veces es necesario poner varias sentencias en un lugar del programa donde deberíahaber una sola. Esto se realiza por medio de **sentencias compuesta**s. Una sentencia compuesta es un conjunto de declaraciones y de sentencias agrupadas dentro de llaves **{...}**. También se conocen con el nombre de **bloque**s. Una sentencia compuesta puede incluir otras sentencias, simples y compuestas. Un ejemplo de sentencia compuesta es el siguiente:

{

int i = 1, j = 3, k;

double masa;

masa = 3.0;

k = y + j;

}

Las sentencias compuestas se utilizarán con mucha frecuencia en el al introducir las sentencias que permiten modificar el flujo de control del programa..

CONTROL DEL FLUJO DE EJECUCIÓN

En principio, las sentencias de un programa en C se ejecutan *secuencialmente*, esto es, cada una a continuación de la anterior empezando por la primera y acabando por la última. El lenguaje C dispone de varias sentencias para modificar este flujo secuencial de la ejecución. Las más utilizadas se agrupan en dos familias: las **bifurcaciones**, que permiten elegir entre dos o más opciones según ciertas condiciones, y los **bucles**, que permiten ejecutar repetidamente un conjunto de instrucciones tantas veces como se desee, cambiando o actualizando ciertos valores.

Bifurcaciones

OPERADOR CONDICIONAL

El operador condicional es un operador con tres operandos (ternario) que tiene la siguiente forma general:

expresion_1 ? expresion_2 : expresion_3;

Explicación: Se evalúa **expresion_1**. Si el resultado de dicha evaluación es *true* (#0), se ejecuta **expresion_2**; si el resultado es *false* (=0), se ejecuta **expresion_3**.

SENTENCIA IF

Esta sentencia de control permite ejecutar o no una sentencia simple o compuesta según se cumpla o no una determinada condición. Esta sentencia tiene la siguiente forma general:

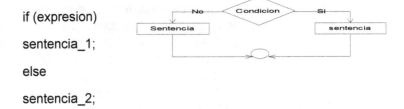

if (expresion)

sentencia;

Explicación: Se evalúa **expresion**. Si el resultado es *true* (#0), se ejecuta **sentencia**; si el resultado es *false* (=0), se salta **sentencia** y se prosigue en la línea siguiente. Hay que recordar que **sentencia** puede ser una sentencia simple o compuesta *(bloque { ... })*.

5.1.3 SENTENCIA IF ... ELSE

Esta sentencia permite realizar una *bifurcación*, ejecutando una parte u otra del programa según se cumpla o no una cierta condición. La forma general es la siguiente:

if (expresion)

sentencia_1;

else

sentencia_2;

Explicación: Se evalúa **expresion**. Si el resultado es *true* (#0), se ejecuta **sentencia_1** y se prosigue en la línea siguiente a **sentencia**_2; si el resultado es *false* (=0), se salta **sentencia**_1, se ejecuta **sentencia_2** y se prosigue en la línea siguiente. Hay que indicar aquí también que **sentencia_1** y **sentencia_2** pueden ser sentencias simples o compuestas *(bloques { ... })*.

SENTENCIA IF ... ELSE MÚLTIPLE

Esta sentencia permite realizar una ramificación múltiple, ejecutando *una* entre varias partes del programa según se cumpla *una* entre *n* condiciones. La forma general es la siguiente:

if (expresion_1)

sentencia_1;

else if (expresion_2)

sentencia_2;

else if (expresion_3)

sentencia_3;

else if (...)

...

[else

sentencia_n;]

Explicación: Se evalúa **expresion_**1. Si el resultado es *true*, se ejecuta **sentencia_**1. Si el resultado es *false*, se salta **sentencia_1** y se evalúa **expresion_**2. Si el resultado es *true* se ejecuta **sentencia_**2, mientras que si es *false* se evalúa **expresion_3** y así sucesivamente. Si ninguna de las expresiones o condiciones es *true* se ejecuta **expresion_n** que es la opción por defecto (puede ser la sentencia vacía, y en ese caso puede eliminarse junto con la palabra **els**e). Todas las sentencias pueden ser simples o compuestas.

SENTENCIA SWITCH

La sentencia que se va a describir a continuación desarrolla una función similar a la de la sentencia *if ... else* con múltiples ramificaciones, aunque como se puede ver presenta también importantes diferencias. La forma general de la sentencia *switch* es la siguiente:

```
switch (expresion) {

case expresion_cte_1:

sentencia_1;

case expresion_cte_2:

sentencia_2;

...

case expresion_cte_n:

sentencia_n;

[default:

sentencia;]

}
```

Explicación: Se evalúa **expresion** y se considera el resultado de dicha evaluación. Si dicho resultado coincide con el valor constante **expresion_cte_**1, se ejecuta **sentencia_1** seguida de **sentencia_**2, **sentencia_**3, ..., **sentencia**. Si el resultado coincide con el valor constante **expresion_cte_**2, se ejecuta **sentencia_2** seguida de **sentencia_**3, ..., **sentencia**. En general, se ejecutan todas aquellas sentencias que están a continuación de la **expresion_cte** cuyo valor coincide con el resultado calculado al principio. Si ninguna **expresion_cte** coincide se ejecuta la **sentencia** que está a continuación de **default**. Si se desea ejecutar únicamente una **sentencia_i** (y no todo un conjunto de ellas), basta poner una sentencia **break** a continuación (en algunos casos puede utilizarse la sentencia **return** o la función **exit()**). El efecto de la sentencia **break** es dar por terminada la ejecución de la sentencia **switch**. Existe también la posibilidad de ejecutar la misma **sentencia_i** para varios valores del resultado de **expresion**, poniendo varios **case expresion_cte** seguidos.

El siguiente ejemplo ilustra las posibilidades citadas:.

```
switch (expresion) {
case expresion_cte_1:
sentencia_1;
break;
case expresion_cte_2: case expresion_cte_3:
sentencia_2;
break;
default:
sentencia_3;
}
```

SENTENCIAS IF ANIDADAS

Una sentencia *if* puede incluir otros *if* dentro de la parte correspondiente a su **sentenci**a, A estas sentencias se les llama *sentencias anidadas* (una dentro de otra), por ejemplo,

```
if (a >= b)
if (b != 0.0)
c = a/b;
```

En ocasiones pueden aparecer dificultades de interpretación con sentencias *if...else* anidadas, como en el caso siguiente:

```
if (a >= b)

if (b != 0.0)

c = a/b;

else

c = 0.0;
```

En principio se podría plantear la duda de a cuál de los dos *if* corresponde la parte *else* del programa. Los espacios en blanco –las *indentaciones* de las líneas– parecen indicar que la sentencia que sigue a *else* corresponde al segundo de los *if*, y así es en realidad, pues la regla es que el *else* pertenece al *if* más cercano. Sin embargo, no se olvide que el compilador de C no considera los espacios en blanco (aunque sea muy conveniente introducirlos para hacer más claro y legible el programa), y que si se quisiera que el *else* perteneciera al primero de los *if* no bastaría cambiar los espacios en blanco, sino que habría que utilizar *llaves*, en la forma:

```
if (a >= b) {

if (b != 0.0)

c = a/b;

}

else

c = 0.0;
```

Recuérdese que todas las sentencias *if* e *if...else*, equivalen a una única sentencia por la

posición que ocupan en el programa.

Bucles

Además de **bifurcacione**s, en el lenguaje C existen también varias sentencias que permiten repetir una serie de veces la ejecución de unas líneas de código. Esta repetición se realiza, bien un número determinado de veces, bien hasta que se cumpla una determinada condición de tipo lógico o aritmético. De modo genérico, a estas sentencias se les denomina **bucle**s. Las tres construcciones del lenguaje C para realizar bucles son el **whil**e, el **for** y el **do...whil**e.

SENTENCIA WHILE

Esta sentencia permite ejecutar repetidamente, *mientras se cumpla una determinada*

*condici*ón, una sentencia o bloque de sentencias. La forma general es como sigue:.

while (expresion_de_control)

sentencia;

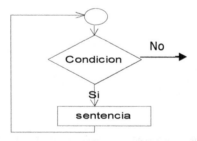

Explicación: Se evalúa **expresion_de_control** y si el resultado es *false* se salta **sentencia** y se prosigue la ejecución. Si el resultado es *true* se ejecuta **sentencia** y se vuelve a evaluar **expresion_de_control** (evidentemente alguna variable de las que intervienen en **expresion_de_control** habrá tenido que ser modificada, pues si no el *bucle* continuaría indefinidamente). La ejecución de **sentencia** prosigue hasta que **expresion_de_control** se hace *false*, en cuyo caso la ejecución continúa en la línea siguiente a **sentencia**. En otras palabras, **sentencia** se ejecuta repetidamente mientras **expresion_de_control** sea *true*, y se deja de ejecutar cuando **expresion_de_control** se hace *false*. Obsérvese que en este caso el *control* para decidir si se sale o no del *bucle* está antes de **sentencia**, por lo que es posible que **sentencia** no se llegue a ejecutar ni una sola vez.

SENTENCIA FOR

For es quizás el tipo de bucle mas versátil y utilizado del lenguaje C. Su forma general es la siguiente:

for (inicializacion; expresion_de_control; actualizacion)

sentencia;

Explicación: Posiblemente la forma más sencilla de explicar la sentencia *for* sea utilizando la construcción **while** que sería equivalente. Dicha construcción es la siguiente:

inicializacion;

while (expresion_de_control) {

sentencia;

actualizacion;

}

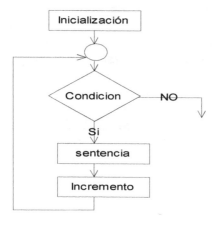

donde **sentencia** puede ser una única sentencia terminada con (;), otra sentencia de control ocupando varias líneas *(if*, *while*, *for*, ...), o una sentencia compuesta o un bloque encerrado entre llaves {...}. Antes de iniciarse el bucle se ejecuta *inicializacio*n, que es una o más sentencias que asignan valores iniciales a ciertas variables o contadores. A continuación se evalúa **expresion_de_control** y si es *false* se prosigue en la sentencia siguiente a la construcción *for*; si es *true* se ejecutan **sentencia** y *actualizacio*n, y se vuelve a evaluar **expresion_de_control**. El proceso prosigue hasta que **expresion_de_control** sea *false*. La parte de *actualizacion* sirve para actualizar variables o incrementar contadores. Un ejemplo típico puede ser el producto escalar de dos vectores *a* y *b* de dimensión n:

for (pe =0.0, i=1; i<=n; i++){

pe += a[i]*b[i];

}

Primeramente se inicializa la variable **pe** a cero y la variable **i** a 1; el ciclo se repetirá mientras que i sea menor o igual que n, y al final de cada ciclo el valor de **i** se incrementará en una unidad. En total, el bucle se repetirá **n** veces. La ventaja de la construcción *for* sobre la construcción *while* equivalente está en que en la cabecera de la construcción *for* se tiene toda la información sobre como se inicializan, controlan y actualizan las variables del bucle.

Obsérvese que la *inicializacion* consta de dos sentencias separadas por el operador (,)

3 SENTENCIA DO ... WHILE

Esta sentencia funciona de modo análogo a *while*, con la diferencia de que la evaluación de **expresion_de_control** se realiza al final del bucle, después de haber ejecutado al menos una vez las sentencias entre llaves; éstas se vuelven a ejecutar mientras **expresion_de_control** sea *true*. La forma general de esta sentencia es:

do

sentencia;

while(expresion_de_control);

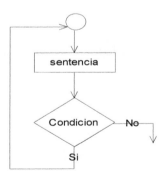

donde **sentencia** puede ser una única sentencia o un bloque, y en la que debe observarse que *hay que poner (;) a continuación del paréntesis* que encierra a **expresion_de_control**, entre otros motivos para que esa línea se distinga de una sentencia **while** ordinaria.

Sentencias *break, continue, goto*

La instrucción ***break*** interrumpe la ejecución del bucle donde se ha incluido, haciendo al programa salir de él aunque la **expresion_de_control** correspondiente a ese bucle sea verdadera.

La sentencia ***continue*** hace que el programa comience el siguiente ciclo del bucle donde se halla, aunque no haya llegado al final de las sentencia compuesta o bloque.

La sentencia ***goto*** *etiqueta* hace saltar al programa a la sentencia donde se haya escrito la *etiqueta* correspondiente. Por ejemplo:

sentencias ...

...

if (condicion)

goto otro_lugar; // salto al lugar indicado por la etiqueta

sentencia_1;

sentencia_2;

...

otro_lugar: // esta es la sentencia a la que se salta

sentencia_3;

...

Obsérvese que la *etiqueta* termina con el carácter (:).

La sentencia *goto* no es una sentencia muy desprestigiada en el mundo de los programadores de C, pues disminuye la claridad y legibilidad del código. Fue introducida en el lenguaje por motivos de compatibilidad con antiguos hábitos de programación, y siempre puede ser sustituida por otras construcciones más claras y estructuradas.

Sentencias de entrada/salida

A diferencia de otros lenguajes, *C no dispone de sentencias de entrada/salida*. En su lugar se utilizan funciones contenidas en la librería estándar y que forman parte integrante del lenguaje.

Las funciones de entrada/salida (Input/Output) son un conjunto de funciones, incluidas con el compilador, que permiten a un programa recibir y enviar datos al exterior. Para su utilización es necesario incluir, al comienzo del programa, el archivo **stdio.h** en el que están definidos sus prototipos:

#include <stdio.h>

donde ***stdio*** proviene de ***standard-input-outpu***t.

Función printf()

La función **printf()** imprime en la unidad de salida (el monitor, por defecto), el texto, y las constantes y variables que se indiquen. La forma general de esta función se puede estudiar viendo su *prototipo*:

int printf("cadena_de_control", tipo arg1, tipo arg2, ...)

Explicación: La función **printf()** imprime el texto contenido en **cadena_de_control** junto con el valor de los otros argumentos, de acuerdo con los *formatos* incluidos en **cadena_de_control**. Los puntos suspensivos (...) indican que puede haber un número variable de argumentos. Cada formato comienza con el carácter (%) y termina con un *carácter de conversió*n.

Considérese el ejemplo siguiente,

int i;

double tiempo;

float masa;

printf("Resultado nº: %d. En el instante %lf la masa vale %f\n", i, tiempo, masa);

en el que se imprimen 3 variables (**i**, **tiempo** y **mas**a) con los formatos (**%**d, *%lf* y **%**f), correspondientes a los tipos *(in*t, *double* y *floa*t), respectivamente. La cadena de control se imprime con el valor de cada variable intercalado en el lugar del formato correspondiente.

Lo importante es considerar que debe haber correspondencia uno a uno (el 1º con el 1º,

el 2º con el 2º, etc.) entre los formatos que aparecen en la **cadena_de_control** y los otros argumentos (constantes, variables o expresiones). Entre el carácter % y el *carácter de* conversión puede haber, por el siguiente orden, uno o varios de los elementos que a

continuación se indican:

- Un número entero positivo, que indica la *anchura* mínima del campo en caracteres.

- Un signo (-), que indica *alineamiento* por la izda (el defecto es por la dcha).

- Un punto (.), que separa la anchura de la *precisión*.

- Un número entero positivo, la *precisión*, que es el nº máximo de caracteres a imprimir

en un *string*, el nº de decimales de un *float* o *double*, o las cifras mínimas de un *int* o

*lon*g.

-Un *cualificado*r: una (h) para *short* o una (l) para *long* y *double*

Los caracteres de conversión más usuales se muestran en la tabla siguiente:

Carácter	Tipo argumento	Carácter	Tipo de argumento
d,i	int decimal	o	octal unsigned
u	int unsigned	x,X	hex. unsigned
c	char	s	cadena de char
f	float notación decimal	e,g	float not. cientif. o breve
p	puntero		

A continuación se incluyen algunos ejemplos de uso de la función **printf()**. El primer ejemplo contiene sólo texto, por lo que basta con considerar la **cadena_de_control**.

printf("Con cien cañones por banda,\nviento en popa a toda vela,\n");

El resultado serán dos líneas con las dos primeras estrofas de la famosa poesía. *No es posible partir* **cadena_de_control** *en varias líneas con caracteres* **intr**o, por lo que en este ejemplo podría haber problemas para añadir más estrofas. Una forma alternativa, muy sencilla, clara y ordenada, de escribir la poesía sería la siguiente:

printf("%s\n%s\n%s\n%s\n",

"Con cien cañones por banda,",

"viento en popa a toda vela,",

"no cruza el mar sino vuela,",

"un velero bergantín.");

En este caso se están escribiendo 4 cadenas constantes de caracteres que se introducen como argumentos, con formato %s y con los correspondientes saltos de línea. Un ejemplo que contiene una constante y una variable como argumentos es el siguiente:

printf("En el año %s ganó %ld ptas.\n", "1993", beneficios);

donde el texto **1993** se imprime como cadena de caracteres (%s), mientras que **beneficios** se imprime con formato de variable *long* (%ld). Es importante hacer corresponder bien los formatos con el tipo de los argumentos, pues si no los resultados pueden ser muy diferentes de lo esperado.

Veamos otro ejemplo:

printf ("%-s %5d %05.3f", nombre, edad, sueldo);

En este ejemplo el nombre se imprimirá alineado a la izda, la edad tendrá un espacio para 5 cifras alineadas a la derecha y por último el sueldo, será un número de 5 cifras (si no las tiene se añadirán 0 al principio y 3 decimales y lo mismo que antes si el número no los tiene, se le añadirán 0 hasta completar dichos decimales).

La función **printf()** *tiene un valor de retorno de tipo int*, que representa el número de

caracteres escritos en esa llamada.

Función scanf()

La función **scanf()** es análoga en muchos aspectos a **printf()**, y se utiliza para leer datos de la entrada estándar (que por defecto es el teclado). La forma general de esta función es la siguiente:

int scanf("%x1%x2...", &arg1, &arg2, ...);

donde x1, x2, ... son los *caracteres de conversión*, mostrados en la Tabla 8.2, que representan los formatos con los que se espera encontrar los datos. La función **scanf()** devuelve como valor de retorno el número de conversiones de formato realizadas con éxito. La cadena de control de **scanf()** puede contener caracteres además de formatos. Dichos caracteres se utilizan para tratar de detectar la presencia de caracteres idénticos en la entrada por teclado. Si lo que se desea es leer variables numéricas, esta posibilidad tiene escaso interés. A veces hay que comenzar la cadena de control con un espacio en blanco para que la conversión de formatos se realice correctamente.

Carácter	Caracteres leídos	Argumento
c	Cualquier carácter	char *
d,i	entero decimal con signo	int *
u	Entero decimal sin signo	unsigned int
O	entero octal	unsigned int
x,X	entero hexadecimal	unsigned int
e,E,f,g,G	número de punto flotante	flota
s	cadena de caracteres sin ''	char
h,l	para short, long y double	
L	modificador para long double	

En la función **scanf()** los argumentos que siguen a la **cadena_de_control** deben ser

pasados por referencia (ponerlos precedidos por &), ya que la función los lee y tiene que trasmitirlos al programa que la ha llamado. Para ello, dichos argumentos deben estar constituidos por las *direcciones de las variables* en las que hay que depositar los datos, y no por las propias variables. Una excepción son las *cadenas de caracteres*, cuyo nombre es ya de por sí una dirección (un puntero), y por tanto no debe ir precedido por el *operador* (&) en la llamada.

Por ejemplo, para leer los valores de dos variables *int* y *double* y de una cadena de caracteres, se utilizarían la sentencia:

int n;

double distancia;

char nombre[20];

scanf("%d%lf%s", &n, &distancia, nombre);

en la que se establece una correspondencia entre **n** y %d, entre **distancia** y %lf, y entre **nombre** y %s. Obsérvese que **nombre** no va precedido por el operador (&). La lectura de cadenas de caracteres se detiene en cuanto se encuentra un espacio en blanco, por lo que para leer una línea completa con varias palabras hay que utilizar otras técnicas diferentes.

En los formatos de la cadena de control de **scanf()** pueden introducirse *corchetes* [...], que se utilizan como sigue.

La sentencia, scanf("%[AB \n\t]", s); // se leen solo los caracteres indicados lee caracteres hasta que encuentra uno diferente de ('A','B',' ','\n','\t'). En otras palabras, se leen sólo los caracteres que aparecen en el corchete. Cuando se encuentra un carácter distinto de éstos se detiene la lectura y se devuelve el control al programa que llamó a **scanf()**. Si los corchetes contienen un carácter (^), se leen todos los caracteres distintos de los caracteres que se encuentran dentro de los corchetes a continuación del (^). Por ejemplo, la sentencia, scanf(" %[^\n]", s);

scanf("%n°[A-H]",s); → la orden scanf recogerá solo el n° de caracteres que se indica en n° y solo los caracteres que hay entre la A y la H inclusive.

Scanf ("%[A-Za-z]",s) → Recogería solo letras bien mayúsculas o minúsculas.

lee todos los caracteres que encuentra hasta que llega al carácter **nueva línea** '\n'. Esta sentencia puede utilizarse por tanto para leer líneas completas, con blancos incluidos. Recuérdese que con el formato **%s** la lectura se detiene al llegar al primer delimitador (carácter blanco, tabulador o nueva línea).

Macros getchar() y putchar()

Las macros **getchar()** y **putchar()** permiten respectivamente leer e imprimir *un sólo carácter* cada vez, en la entrada o en la salida estándar. La macro **getchar()** recoge un carácter introducido por teclado y lo deja disponible como valor de retorno. La macro **putchar()** escribe en la pantalla el carácter que se le pasa como argumento. Por ejemplo:

putchar('a');

escribe el carácter a. Esta sentencia equivale a

printf("a");

mientras que

```
c = getchar();
```

equivale a

```
scanf("%c", &c);
```

Como se ha dicho anteriormente, **getchar()** y **putchar()** son *macros* y no *funciones*, aunque para casi todos los efectos se comportan como si fueran funciones. El concepto de *macro* se verá con más detalle en la siguiente sección. Estas macros están definidas en el fichero **stdio**.h, y su código es sustituido en el programa por el *preprocesador* antes de la compilación.

Por ejemplo, *se puede leer una línea de texto completa* utilizando **getchar()**:

```
int i=0, c;
char name[100];
while((c = getchar()) != '\n') // se leen caracteres hasta el '\n'
name[i++] = c; // se almacena el carácter en Name[]
name[i]='\0'; // se añade el carácter fin de cadena
```

II Estructuras de Datos

Metodología de la programación aplicada a JAVASCRIPT

Tema 1. Estructuras estáticas de datos: tablas, cadenas de caracteres, estructuras y ficheros.

1. Cadenas de caracteres

2. Arrays

3. Estructuras definidas por el usuario

4. Algoritmos de ordenación y búsqueda

5. Ficheros

Objetivos del tema:

En este tema se dotará al alumno de los conocimientos necesarios para realizar todas las operaciones necesarias sobre las estructuras estáticas de datos, para poder resolver cualquier problema en que estas intervengan.

1. Cadenas de caracteres

> - Introducción.
> - Cadena de caracteres
> - Datos de tipo carácter
> - Operaciones con cadenas

Introducción

En principio se programaba todo con 0 y 1, pero como esto costaba mucho, apareció la necesidad de crear un lenguaje semejante al humano para entendernos más fácilmente con la computadora, y para ello aparecen los juegos de caracteres.

El juego de caracteres es una especie de alfabeto que usa la máquina.

Hay 2 juegos de caracteres principales:

- ASCII: El que más se usa.
- EBCDIC: Creado por IBM.

Hay 2 tipos de ASCII, el básico y el extendido.

En el ASCII básico, cada carácter se codifica con 7 bits, por lo que existen $2^7=128$ caracteres.

En el ASCII extendido, cada carácter ocupa 8 bits (1 byte) por lo que existirán $2^8= 256$ caracteres, numerados del 0 al 255.

En el EBCDIC, cada carácter ocupa también 8 bits.

En cualquiera de los 2 juegos, existen 4 tipos de caracteres:

Alfabéticos: Letras mayúsculas y minúsculas.

Numéricos: Números.

Especiales: Todos los que no son letras y números, que vienen en el teclado.

Control: No son imprimibles y tienen asignados caracteres especiales.

Un juego de caracteres es una tabla en la que cada símbolo tiene asociado un número.

Cadena de caracteres.

Una cadena de caracteres, es un conjunto de 0 ó más caracteres. Entre estos caracteres puede estar incluido el blanco.

Las cadenas de caracteres se delimitan con dobles comillas " ", pero en algunos lenguajes se delimitan con ' '. Concretamente en C las cadenas se delimitan con " " y los caracteres simples con ' '.

Las cadenas de caracteres se almacenan en posiciones contiguas de memoria.

La longitud de una cadena es el número de caracteres de la misma. Si hubiese algún carácter que se utilizara como especial para señalar el fin de cadena, no se consideraría en la longitud.

Si una cadena tiene longitud 0, la llamamos cadena nula por lo que no tiene ningún carácter, pero esto no quiere decir que no tenga ningún carácter válido, por que puede haber algún carácter especial no imprimible que forme parte de la cadena.

Datos de tipo carácter.

Constantes: Una constante de tipo cadena es un conjunto de 0 o más caracteres encerrados entre " ".

Si dentro de la cadena quiero poner como parte de la cadena las ", las pongo 2 veces. Esto depende del lenguaje.

"Hola""Adios" → Hola"Adios

Una constante de tipo carácter es un solo carácter encerrado entre comillas simples.

Variables: Hay que distinguir entre una variable de tipo carácter y una variable de tipo cadena, el contenido de una variable de tipo cadena es un conjunto de 0 ó más caracteres encerrados entre " ", mientras que una variable de tipo carácter es un solo carácter encerrado entre ' '.

Formas de almacenamiento de cadenas en memoria:

* Almacenamiento estático:

La longitud de la cadena se tiene que definir antes de ser usada y siempre va a tener esa longitud, almacenándose en posiciones contiguas de memoria.

Si la cadena no ocupa todo el espacio, el resto se rellena con blancos, y esos blancos se consideran parte de la cadena.

Esto es muy deficiente y no se usa casi en ningún lenguaje.

- Almacenamiento semiestático:

Antes de usar la cadena, hay que declarar la longitud máxima que puede tener y ese es el espacio que se reserva en memoria para almacenar la cadena, siempre en posiciones contiguas.

La longitud real de la cadena durante la ejecución puede variar aunque siempre tiene que ser menor que el máximo de la cadena.

Puesto que la cadena no tiene porque ocupar la longitud máxima, para determinar que parte ocupa realmente esa cadena, se pueden utilizar diferentes métodos.

Pascal lo que hace es reservar los 2 primeros bytes de la zona de memoria en que guardamos la cadena para indicar el primero la longitud máxima que puede tener la cadena y el segundo la longitud actual.

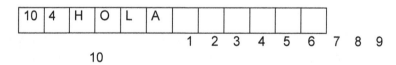

Otros lenguajes como C, utilizan un carácter especial que indica el fin de cadena tal que los caracteres que utilizan parte de la cadena son todos los almacenados hasta encontrar ese carácter especial.

0   1   2   3   4   5   6   7   8   9

Almacenamiento dinámico:

No hay que definir la longitud de la cadena antes de usarla, ni siquiera la máxima. Para esto, se utiliza la memoria dinámica, y para establecer el número de elementos de la cadena usaremos listas enlazadas en las que cada nodo de la lista contara un carácter de la cadena y se enlazaría mediante punteros.

La información no tiene que estar almacenada en posiciones contiguas de memoria.

Operaciones con cadenas.

Al igual que con cualquier tipo de datos, podemos hacer operaciones de entrada y salida (leer y escribir).

Cad [25] caracteres	Char caracteres[25];
Leer (cad)	Scanf ("%s",caracteres);
Escribir (cad)	Printf ("%s",caracteres);

Aparte de estas instrucciones, la mayor parte de los lenguajes permiten realizar operaciones especiales con las variables de tipo cadena.

La mayor parte de los lenguajes tienen operaciones de tratamiento de cadenas, y esas operaciones vienen en librerías externas. (en C es necesario cargar **string.h**).

Las operaciones más usadas son:

Longitud de una cadena:

Es una función a la que se le pasa una cadena como parámetro y como resultado devuelve su longitud.

Funcion longitud (c:cadena): entero

Comparación de cadenas:

Las cadenas se pueden comparar entre si usando los símbolos de comparación. Esto se puede realizar porque lo que voy a comparar son los valores ASCII asociados a cada carácter.

En el caso de que se comparen 2 cadenas de diferente longitud tal que la cadena de menor longitud tiene N caracteres y estos N caracteres coinciden con los N primeros caracteres de la cadena más larga, se considera mayor la cadena más larga.

PEPE > PAPA

PEPES > PEPE

En la mayor parte de los lenguajes, hay una función que hace la comparación.

En C es la función strcmp (C1,C2).

Funcion comparacion (C1:cadena;C2:cadena): entero

Esta función devuelve:

0 si C1=C2

Un positivo si C1 > C2

Un negativo si C1 < C2

Concatenación:

Lo que permite es unir varias cadenas en una sola, manteniendo el orden de los caracteres que se unen.

En pseudocódigo se usa el símbolo &: C1&C2

C1="Hola"

C2="Adios"

C3=C1&C2="HolaAdios"

Procedimiento concatenacion (ent-sal C1:cadena;C2:cadena)

Se devuelve en C1 la concatenación C1&C2.

Subcadenas:

Extrae parte de una cadena.

Se pueden usar 3 procedimientos:

Procedimiento subcadena (c:cadena;inicio:entero;longitud:entero;ent-sal s:cadena)

Si inicio es negativo, o es mayor que longitud, se devuelve la cadena nula.

Si inicio+longitud es mayor que el tamaño de la cadena, devuelvo desde inicio hasta de fin de la cadena.

Procedimiento subcadena (c:cadena;inicio:entero;fin:entero;ent-sal s:cadena)

Si fin es menor que inicio, devuelve la cadena nula.

Si fin es mayor que la longitud de la cadena, se devuelve desde inicio hasta el fin de la cadena.

Procedimiento subcadena (c:cadena;inicio:entero;ent-sal s:cadena)

S va desde el inicio hasta el final de la cadena.

Inserción:

Consiste en meter una cadena dentro de otra a partir de una determinada posición.

Procedimiento insertar (ent-sal C1:cadena;C2:cadena;inicio:entero)

C1="Pepe"

C2="Nuria"

Insertar (C1,C2,3)= PeNuriape

Si inicio es mayor que la longitud de C1 o inicio es menor que 0, no se inserta nada.

Las cadenas van a estar almacenadas en arrays de caracteres donde el carácter de fin de cadena es el \0.

Ver si una subcadena está dentro de otra.

En C podemos usar la función **strstr** que mira si C2 está dentro de C1 y si es así devuelve un puntero a la posición a partir de la cual está. No estuviese, devolvería NULL.

char *strstr (const char *C1, const char *C2);

Funciones de conversión.

strlwr (C1); → Convierte la cadena C1 a minúsculas.

strupr(C1); → Convierte la cadena C1 a mayúsculas.

x = atoi(C1); → Convierte la cadena C1 a un nº entero.

y = atof (C1); → Convierte la cadena C1 a un nº flotante.

z = atol (C1); → Convierte la cadena C1 a un nº de long.

2. Arrays

1. Arrays unidimensionales o vectores.
2. Operaciones con arrays unidimensionales o vectores.
3. Arrays bidimensionales o matrices.
4. Arrays multidimensionales.
5. Almacenamiento de arrays en memoria.
6. Arrays como parámetros de subprogramas.

Arrays Unidimensionales: Vectores.

Un array unidimensional, o lineal, o vector, es un conjunto finito y ordenado de elementos homogéneos.

Es finito porque tiene un número determinado de elementos. Homogéneo porque todos los elementos almacenados van a ser del mismo tipo. Ordenado porque vamos a poder acceder a cada elemento del array de manera independiente porque va a haber una forma de referenciar cada elemento. Para referenciar cada elemento de un array vamos a usar índices (valor que directa o indirectamente referencia la posición del array).

Los índices tienen que ser de cualquier tipo de datos escalar (entre los que se puede definir un orden, y que entre 2 elementos consecutivos no puede haber infinitos elementos), aunque normalmente como índices se van a utilizar números enteros.

Para referenciar un elemento de un array usaremos el nombre del array y entre corchetes [ ] el índice que determina la posición de ese elemento en el array.

El rango o longitud de un vector o array lineal es la diferencia entre el índice de valor máximo y el índice de valor mínimo de ese array + 1. Normalmente los índices comienzan a enumerarse, es decir, el valor mínimo del índice es 0 ó 1, dependiendo del lenguaje (en Pascal con 1 y en C con 0). Sin embargo nadie impide que comiencen en cualquier otro valor.

Los arrays se almacenan siempre en posiciones consecutivas de memoria y podemos acceder a cada elemento del array de manera independiente a través de los índices. Un índice no tiene porque ser un valor constante, sino que puede ser también una variable o una expresión que al ser evaluada devuelva ese índice.

A la hora de definir un array siempre habrá que dar el nombre del array, el tamaño del mismo y el tipo de los datos que contiene, y para hacer esa declaración, se utiliza la siguiente nomenclatura.

> *Tipo_de_dato nombre_del_array[tamaño];*

Operaciones con Arrays Unidimensionales o Vectores:

1. Asignación de un dato a una posición concreta del array:

<nom_array>[indice] = valor; //Excepto en los arrays de cadenas de caracteres.

			8000 0					

Ventas [3] = 800000

2. Lectura y escritura de datos:

scanf ("%identificador_tipo", <nom_array>[indice]); //no se lee el array de una vez.

Printf ("%identificador_tipo", <nom_array>[indice]); //No se escribe el array de una vez

3. Recorrido o acceso secuencial de un array:

- Consiste en pasar por todas las posiciones del array para procesar su información.

For (i=0: i<12:i++)   ventas [i] ← ventas [i] + 1000000

4. Actualización de un array:

1º) Añadir datos:

Es un caso especial de la operación de inserción de un elemento en un array, pero el elemento lo metemos después de la última posición que contiene información válida en el array.

Para que esto se pueda hacer es necesario que si actualmente el array tiene K posiciones de información válida, tenga un tamaño de al menos K+1 para que pueda añadir otro elemento a continuación de K.

<nom_array>[K+1] = valor

2º) Inserción de datos:

Consiste en introducir un elemento en el interior de un array para lo cual será necesario desplazar todos los elementos situados a la derecha del que vamos a insertar una posición a la derecha con el fin de conservar el orden relativo entre ellos.

Para que se pueda insertar un nuevo elemento en el array si ya existen N elementos con información en el array, el array tendrá que tener un tamaño de cómo mínimo N+1 para poder insertar el elemento.

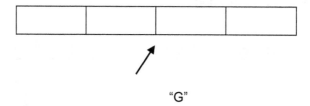

"G"

Siendo K la posición en la que tengo que insertar el nuevo elemento y N el número de elementos válidos en el array en el momento de la inserción y siempre suponiendo de N+1, el algoritmo de inserción será:

```
For (i=N;i<=k;I--) A[i+1]=A[i];

A[k]=valor_introducir
```

3º) Borrar datos:

Para eliminar un elemento de un array si ese elemento está posicionado al final del array, no hay ningún problema, simplemente si el tamaño del array era N, ahora hay que considerar que el tamaño del array es N-1.

Si el elemento a borrar ocupa cualquier otra posición entonces tendré que desplazar todos los elementos situados a la derecha del que quiero borrar una posición hacia la izquierda para que el array quede organizado.

Borrar J.

Suponiendo que el número de elementos validos actualmente es N y que quiero borrar el elemento de la posición K.

```
For (i=k; i<=N-1;i++) A[I] = A[I+1];
```

Arrays Bidimensionales o Matrices:

En un array unidimensional o vector cada elemento se referencia por un índice, en un array bidimensional cada elemento se va a referenciar por 2 índices, y ahora la representación lógica ya no va a ser un vector, sino una matriz.

Un array bidimensional de M*N elementos es un conjunto de M*N elementos, todos del mismo tipo, cada uno de los cuales se referencia a través de 2 subíndices. El primer subíndice podrá variar entre 0 y M-1, y el segundo índice variará entre 0 y N-1.

Y más en general podemos definir un array de 2 dimensiones de la siguiente manera.

Tipo_de_dato nombre_del_array [t_indice1][t_indice2];

La representación lógica de un array bidimensional es una matriz de dimensiones M*N donde M es el número de filas de la matriz y N es el número de columnas, es decir, la 1ª dimensión indicaría las filas y la 2ª dimensión indicaría las columnas, es decir, al intentar acceder a un elemento I,J estaríamos accediendo al elemento que ocupa la fila I y la columna J.

En memoria, sin embargo todos los elementos del array se almacenan en posiciones contiguas pero nosotros lo vemos como una matriz.

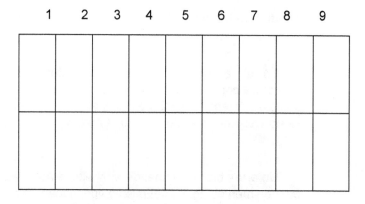

En memoria estaría almacenado todo seguido:

Manejo de matrices:

Por ejemplo para poner a 0 todos los elementos de la matriz.

```
Int m [N][M];

Int I,j;

For (I=0;I<N;I++)
```

Para poner a 0 solo los elementos de la fila j:

```
for (i=0;i<N;i++) m[i][j]=0;
```

Arrays Multidimensionales:

Un array multidimensional es un array de 3 ó más dimensiones. Si tenemos un array de N dimensiones, cada dimensión de tamaño d1,d2,..,dN, el número de elementos del array será d1*d2*..*dN, y para acceder a un elemento concreto del array utilizaremos N índices, cada uno de los cuales referenciará a una posición dentro de una dimensión, siempre según el orden de declaración.

En memoria, el array se sigue almacenando en posiciones consecutivas.

Almacenamiento de Arrays en Memoria:

Un array en memoria siempre se almacena en posiciones contiguas a partir de la dirección base de comienzo del array que me la dan cuando yo declaro una variable del tipo array.

El tamaño que ocupa el array en memoria es el producto del número de sus elementos por el tamaño de cada uno de ellos.

char Array [100] ;

1 byte * 100 elementos = 100 bytes

En el caso de un array bidimensional, también se seguirá almacenando en posiciones contiguas de memoria, y su tamaño será el producto de sus elementos por el tamaño.

Ahora, la forma en la que están almacenados esos elementos va a depender de que el array se almacene fila a fila o columna a columna, que también se conoce como almacenamiento por orden de fila mayor o por orden de columna mayor.

Supongamos el array   <tipo> A [N][M];

Como hallar la dirección base en la que comienza a almacenarse un determinado elemento de un array:
- Unidimensionales:
  DIR(A[I])= Dir_Base + (I-1) * Tamaño

  Número elemento = 3

  Tamaño = 5

  Dir_Base = 100

  A[3] comienza en la dirección 110

- Bidimensionales:

  - Orden de fila mayor
    Dir(A[i,j])= Dir_Base + [((I-1)*M)+(J-1)]*Tamaño

  - Orden de columna mayor
    Dir(A[i,j])= Dir_Base + [((J-1)*N)+(I-1)]*Tamaño

Arrays como Parámetros de Subprogramas:

Un array es también un tipo de datos estructurado, y se puede pasar como parámetro a un subprograma, pero el problema es que no sabemos como indicar si su paso es por valor o por referencia.

La mayor parte de los lenguajes de programación, pasan los arrays por referencia (si se modifica el array se nota en el exterior). Nosotros también lo haremos así. Por tanto LOS ARRAYS SIEMPRE SE PASAN A LAS FUNCIONES POR REFENCIA.

Si paso el array y no quiero modificarlo, con no modificarlo basta.

Es distinto pasar un array como parámetro a pasar una posición del array, si paso el array entero como parámetro, el parámetro formal asociado será un array con la misma estructura que el parámetro real, pero si lo que quiero pasar es un elemento de una posición concreta del array, el parámetro formal asociado no será del tipo array, sino que será del tipo de datos que contenga el array, porque cada elemento de un array es un elemento independiente que se puede usar por separado.

En el caso de que pasemos un array entero como parámetro, el parámetro formal asociado, tendrá que ser un array de la misma estructura que tiene el mismo tipo de datos y el mismo tamaño.

En C, el parámetro formal asociado tiene que ser del mismo tipo de datos, pero no hace falta que sea del mismo tamaño.

Para pasar un array como parámetro real, utilizare el nombre del array, en cambio si pasamos una posición concreta, usaré el nombre y el índice.

En C, el nombre de un array indica su dirección de comienzo en memoria, y por eso siempre se pasa por referencia.

-En la declaración de la función:

tipo <nombre_p> (<tipo> nombre [], ...)

-<u>En la llamada de la función en el programa:</u>

Nom_p (array) → Sólo se pasa el nombre.

3. Estructuras definidas por el usuario

1. Definición
2. Uso de las estructuras
3. Paso de estructuras a funciones
4. Las uniones

3.1. Definición

En muchas aplicaciones es necesario la creación de nuevos tipos de datos que permitan agrupar información de distintos tipos. La combinación de muchas variables en una variable, unificando el uso de todas ellas, se denomina **estructura.** En una estructura cada variable definida internamente ocupa el tamaño correspondiente al tipo al que pertenece.

Por tanto una estructura es un conjunto de variables referenciadas bajo un nombre único. Una vez definida la estructura, esta se puede utilizar como cualquier tipo de dato propio del lenguaje C. Es decir a partir de ella podemos declarar cualquier variable.

Una estructura en C se definiría mediante la siguiente sintaxis:

```
struct nombre_de_estructura

{

        tipo nombre_variable;

        tipo nombre_variable;
```

Así por ejemplo, si vamos a realizar una aplicación que permita gestionar una pequeña empresa controlando los pedidos que se realizan, antes de comenzar a programar deberemos de saber donde se van a guardar los datos que se va a generar con el proceso de la empresa. Así pues necesitaremos:

<u>Proveedores:</u> código, nombre, dirección, ciudad, código postal, telefono
<u>Artículos:</u> Código, descripción, precio, existencias
<u>Pedidos:</u> Nº pedido, fecha, código de proveedor, código de artículo, cantidad.

Así la estructura que representa los artículos se definiría:

```
struct artículo {

    int codigo;

    char descripción [30];

    float precio;
```

No debe de olvidarse que:
- La definición de una estructura es una sentencia y por tanto, se termina con un punto y coma.
- El hecho de definir una estructura, implica que tenemos un nuevo tipo de dato abstracto, pero no tenemos ninguna variable que permita almacenar ningún dato concreto.

Por último indicar que para que C trate a las estructuras definidas por nosotros como propias del lenguaje, debemos seguir la siguiente de seguir la siguiente sintaxis:

```
typedef nombre_estructura {.....};
```

3.2. Uso de las estructuras.

Como ya se ha visto en primer lugar, debemos de definir la estructura.

Hecho esto, debemos declarar una variable (o varias) para poder usarla. Siguiendo el ejemplo anterior, la declararíamos de la siguiente forma:

> **nombre_estructura nombre_variable**;
>
>
> Según el ejemplo sería:

Hecho esto en memoria se habrá reservado espacio para contener todos los datos definidos dentro de la estructura *artículo.*

La variable *art* en conjunto no se usará, excepto por ejemplo como argumento para pasar a una función.

Nosotros accederemos a los datos independientes de la estructura. Así por ejemplo si deseo introducir el precio por

> scanf ("%f", &art.precio);

teclado, escribiré la siguiente instrucción:

Para mostrar la descripción de un artículo:

> printf ("%s", art.descripción);

Observar que en el primer caso no estamos recogiendo una variable de tipo *articulo* sino una variable de tipo float que se llama art.precio. Y en el segundo caso estamos mostrando una variable de tipo cadena de caracteres que se llama art.descripción.

3.3. Paso de estructuras a funciones.

Las estructuras se pueden pasar como cualquier otro tipo a una función definida por el usuario.

Para eso bastará con pasar como argumento la dirección de la variable que contiene la estructura. Es decir en la llamada a la función, escribiríamos:

> nombre_función (&variable_estructura);

en la definición de la función se pondría como:

```
void nombre_función (struct nombre_estructura *variable);
```

dentro de esta función haríamos referencia a los distintos campos de la estructura de la siguiente forma:

```
variable->campo1;

variable->campo2;
```

Siguiendo el ejemplo de los artículos esto lo explicado se concretaría de la siguiente forma:

```
#include ......

struct artículo {
        int codigo;
        char descripción [30];
        float precio;
        int existencias;
}
void introduce (articulo *a){
        scanf ("%s",a->descripción);
        scanf ("%d",&a->codigo);
        scanf ("%f",&a->precio);
}


void main () {
        articulo arti;
        introduce (&arti);
        printf ("El precio de %s es de %f",ar.descripción,
ar.precio);
}
```

3.4. Uniones.

Las uniones tienen una sintaxis igual a la de las estructuras, pero la reserva de memoria es distinta. En la unión no se reserva memoria para cada uno de los campos, sino que se reserva memoria para el campo mayor y esta puede ser ocupada por uno solo de los campos. La declaración se haría:

```
union nombre_union {

    tipo dato1;

    tipo dato2;
```

Si el ejemplo de la estructura *artículo* la hubiésemos declarado como unión, se habría reservado en memoria un espacio para una cadena de 30 caracteres (que es el campo de tamaño mayor) y dentro de ese espacio yo podría haber guardado cualquiera de los datos de la union (el precio, las existencias, la descripción, etc), pero solo uno. Y es responsabilidad del programador saber qué hay almacenado en un momento concreto para poder referenciarlo correctamente.

4. Ordenación y Búsqueda Interna

1. Ordenación:
   - Método de la burbuja.
   - Método de inserción.
   - Método de selección.
   - Método de Quick Short.
2. Búsqueda:
   - Búsqueda secuencial.
   - Búsqueda binaria.
   - Búsqueda por conversión de claves o Hashing.
4. Intercalación.

1. Ordenación

Consiste en organizar un conjunto de datos en un orden determinado según un criterio.

La ordenación puede ser interna o externa:

- Interna: La hacemos en memoria con arrays. Es muy rápida.
- Externa: La hacemos en dispositivos de almacenamiento externo con ficheros.

Para determinar lo bueno que es un algoritmo de ordenación hay que ver la complejidad del algoritmo (cantidad de trabajo de ese algoritmo), se mide en el número de operaciones básicas que realiza un algoritmo. La operación básica de un algoritmo es la operación fundamental, que es la comparación.

Método de la burbuja

La filosofía de este método es ir comparando los elementos del array de 2 en 2 y si no están colocados correctamente intercambiarlos, así hasta que tengamos el array ordenado.

Hay que comparar la posición 1 y la 2 y si no están ordenadas las intercambio. Luego la 2 y la 3 y así sucesivamente hasta que comparo las últimas posiciones.

Con esta primera pasada lograremos que quede ordenado el último elemento del array.

Teóricamente, en cada pasada iremos colocando un elemento, y tendríamos que hacer n −1 pasadas. Si en una pasada no se hacen cambios, el array ya está ordenado.

```
                    void burbuja (<TIPO> array [])

            Var

                Ordenado: entero

                I, J: entero

                Aux: <tipo>

            Inicio

                Ordenado ← 0

                I ← 1

                Mientras (ordenado = 0) y (i <> n – 1)

                    Ordenado ← 1

                    J ← I

                    Desde j = 1 hasta n – 1

                        Si datos [j] > datos [j + 1]

                            Entonces aux ← datos [j]

                                    Datos [j] ← datos [j + 1]

                                    Datos [j] ← aux

                                    Ordenado ← 0

                        Fin si

                    Fin desde

                    I ← I + 1

                Fin mientras

            Fin
```

Método de inserción

Se supone que se tiene un segmento inicial del array ordenado, y hay que ir aumentando la longitud de segmento hasta que coincide con la longitud del array.

Para ello insertaremos el siguiente elemento en el lugar adecuado dentro del segmento ordenado.

```
void insercion (<tipo> datos [] )
Var
   I, J: entero
   Aux: <tipo>
Inicio
   Desde i = 2 hasta N
     Aux ← datos [i]
     J ← i – 1
     Mientras (j > 0) y (aux < datos[j])
       Datos[j + 1] ← datos[j]
       J ← j – 1
     Fin mientras
     Datos [j + 1] ← aux
   Fin desde
Fin
```

Esto se hace moviendo cada elemento del segmento ordenado a la derecha hasta que se encuentre uno menor o igual al elemento que queremos colocar en el segmento o hasta que no tenemos elementos, y lo coloco en esa posición.

Para arrancar este método se parte de que el segmento ordenado inicial este es la primera posición.

Método de la selección

Se trata de buscar el elemento más pequeño y colocarlo en la primera posición, después el segundo más pequeño y colocarlo en la segunda posición, y así sucesivamente hasta que el array este ordenado.

Para ello vamos a recorrer el array, y por cada elemento buscamos a la derecha de esa posición cual es el más pequeño, y lo intercambio con el elemento que estoy examinando.

```
void selecccion (<tipo> datos array[] )
Var
  I,j,pos: entero
  Aux: <tipo>
Inicio
  Desde i = 1 hasta N-1
    Aux ← datos[i]
    Pos ← i
    Desde j = i+1 hasta N
      Si datos[j] < aux
        Entonces pos ← j
                 Aux ← datos[j]
      Fin si
    Fin desde
    Datos[pos] ← datos[i]
    Datos[i] ← aux
  Fin desde

Fin
```

Método de ordenación rápida o QuickShort

Consiste en dividir la lista inicial en otras dos que ordenamos por separado recursivamente.

Para ello, se elige un elemento de la lista al que llamamos pivote, tal que a la derecha del pivote va a quedar lo más grande, y a la izquierda lo más pequeño, es decir, que el pivote quedará colocado en su posición.

```
void QuickShort (ini: entero; fin: entero; datos: array[1..N] de <tipo>)
Inicio
  Si ini < fin
    Entonces sublistas (ini,fin,pivote,datos)
              Quickshort (ini,pivote-1,datos)
              Quickshort (pivote+1,fin,datos)
  Fin si
Fin
void sublistas (ini:entero;fin:entero;ent-sal pivote:entero;
                    datos:array[1..N]de <tipo>)
Inicio
  Pivote ← ini
  Aux ← datos[ini]
  Desde i = pivote+1 hasta fin
    Si datos[i] < aux
      Entonces pivote ← pivote + 1
              Aux2 ← datos[i]
              Datos[i] ← datos[pivote]
              Datos[pivote] ← aux2
    Fin si
  Fin desde
  Datos[ini] ← datos[pivote]
  Datos[pivote] ← aux
Fin
```

2. Búsquedas

Hay 2 tipos de búsquedas, internas que se hacen en memoria y externas que se hacen en ficheros. Cuando buscamos en un fichero, normalmente lo hacemos a través de una clave.

Dado un determinado valor, se trata de ver si existe un elemento con ese valor en el array de ficheros donde se busca, tal que se devuelve si está o no.

Existen 3 métodos de búsqueda:

- Secuencial.
- Binaria o dicotónica.
- Por transformación de claves o Hashing.

Búsqueda secuencial

Se puede aplicar para búsquedas internas y externas, y hay que ir pasando secuencialmente por todos los elementos de la estructura hasta encontrar el elemento o acabar la lista.

```
void  b_secuencial (datos: array[1..N] de <tipo>; elem: <tipo>)

Var

   I: entero

Inicio

   I ← 1

   Mientras (i <= N) y (datos[i] <> elem)

      I ← I + 1

   Fin mientras
```

Búsqueda secuencial con centinela

Se trata de optimizar en cierto modo la búsqueda secuencial normal, lo que hacemos es añadir al final del array el elemento que quiero buscar por lo que siempre lo encontrare.

Si encuentro el elemento en una posición distinta de N+1 significa que no está en la estructura. La ventaja es que en la condición del mientras no tengo que preguntar si se acaba la estructura, me ahorro una condición, el inconveniente es que tiene que sobrar espacio al final del array.

```
void  b_sec_centineal (datos: array[1..N+1] de <tipo>; elem:
<tipo>)
Var
   I: entero
Inicio
   Datos[n+1] ← elem
      I ← 1
```

```
    Mientras datos[i] <> elem
       I ← i+1
    Fin mientras
    Si i <> n+1
           Entonces escribir "Elemento encontrado en la posición"i
       Sino escribir "Elemento no encontrado"
    Fin si
Fin
```

Búsqueda binaria o dicotónica

Para que se pueda aplicar es que la lista en la que queremos buscar el elemento este previamente ordenada.

Se trata de dividir el espacio de búsqueda en sucesivas mitades hasta encontrar el elemento buscado o hasta que ya no pueda hacer más mitades.

Primero hallamos el índice de la mitad del array y miramos si el elemento coincide con él, sino coincide averiguamos donde debería estar el elemento buscado, si en la lista de la derecha o de la izquierda, y dentro de esa mitad hago lo mismo sucesivamente.

```
void  b_binaria  (datos:array  [1..N]  de  <tipo>;  elem:<tipo>;
ini:entero;

                              fin: entero)
Var
    mit: entero
Inicio
        mientras (ini < fin) y (elem <> datos[mit])
        mit ← (ini+fin) div 2
        si elem < datos[mit]
            entonces fin ← mit – 1
            sino ini ← mit + 1
        fin si
    fin mientras
    si ini <= fin
        entonces escribir "Elemento encontrado en la posición" mit
        sino escribir "Elemento no encontrado"
    fin si
fin
```

Comparación entre las búsquedas secuencial y binaria.

Números de elementos examinados		
Tamaño de la lista	Búsqueda Binaria	Búsqueda Secuencial

1	1	1
10	4	10
1000	11	1000
5000	14	5000
100000	18	100000

Búsqueda por transformación de claves o Hashing

Es necesario que lo que se busque sea por un determinado campo clave. Se trata de convertir ese campo clave en una dirección real, si estamos en un array, en un posición del array y si estamos en un fichero, en un registro del fichero.

Lo que hace que se convierta la clave en una dirección real es la función de direccionamiento. Existen diferentes tipos de funciones de direccionamiento:

- La más usada es la función módulo, que consiste en dividir la clave entre el número de elementos máximos de la estructura y coger el resto como dirección real de almacenamiento (el índice si es un array, o una dirección relativa si es un fichero).
- Entruncamiento: Es la parte de la clave como índice.
- Plegamiento: Dividir la clave en partes iguales de tamaño, que va a ser igual al número de cifras del tamaño del array, luego sumarlas y coger las últimas cifras de la suma.
- Mitad del cuadrado: Es el cuadrado de la clave y después coger las cifras centrales.

El problema de estos casos, es que cuando el rango de claves es mayor que el número de posiciones de la estructura, está el problema de que a diferentes claves les corresponde la misma posición, así que cuando se produce el segundo sinónimo hay que ver donde se manda.

Para evitar esto, tratar que la función de direccionamiento produzca el menor número de colisiones posibles.

Para solucionar el problema de los sinónimos:

- Dejar tanto espacio como rango de claves. Es ilógico.
- Si se trata de un array, que por cada posición dejemos una posición más.
- La mejor solución es la técnica de encadenamiento, que consiste en que de cada posición del array salga un puntero a una lista enlazada que enlace a todos los elementos que deberían ir posicionados en esa posición o índice del array.

3. Intercalación

Consiste en juntar varias listas ordenadas en una sola lista que quede ordenada.

```
void fusion (a1: T1; a2: T2; a3: T3)
Var
  I,j,k,l: entero
Inicio
  I ← 1
  J ← 1
  K ← 1
  Mientras (i<=n) y (j<=m)
    Si a1[i] < a2[j]
      Entonces a3[k] ← a1[i]
                I ← I + 1
      Sino a3[k] ← a2[j]
            J ← J + 1
    Fin si
    K ← K + 1
  Fin mientras
  Si i < n
    Entonces desde L=i hasta n
             K ←k +1
             A3[k] ← a2[l]
             Fin desde
    Sino desde L=j hasta m
         K ← k+1
         A3[k] ← a1[l]
         Fin desde
  Fin si
Fin
```

4. Estructuras de datos Externas. (Archivos o ficheros).

- Introducción
- Características de los archivos
- Clasificación de los archivos según su uso
- Organización de los archivos
- Archivos en C
- Funciones básicas de acceso a los archivos

1. Introducción

Los objetos tratados hasta ahora por un programa, tienen dos limitaciones:

- La cantidad de datos es bastante reducida.
- Su existencia está limitada al tiempo que dure la ejecución del programa.

Así pues para la manipulación y almacenamiento de grandes cantidades de datos para futuros usos, se utilizan las estructuras de datos externas denominadas **ficheros** o **archivos.**

Un **archivo** es un conjunto de informaciones estructuradas en unidades de acceso denominadas registros, todos del mismo tipo.

Un **registro** es una estructura de datos formada por uno o más elementos denominados **campos** que pueden ser de diferentes tipos y que además a su vez pueden estar formados por otros **subcampos.**

Los archivos por regla general contienen información relativa a un conjunto de individuos u objetos, estando la información correspondiente a cada uno de ellos en un registro.

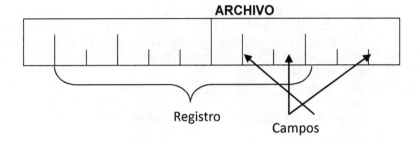

a. Características de los archivos.

Las características de esta estructura de datos son:

- Residen en soportes de información externos como los discos o cintas magnéticas.
- Independencia de las informaciones respectos de los programas. Es decir la existencia de un archivo no está limitada al tiempo de ejecución del programa que lo crea, sino que permanece cuando éste termine y además puede ser utilizado por otros programas en cualquier otro momento.
- Los datos no desaparecen hasta que se borren explícitamente mediante una instrucción de programa u orden del sistema operativo.
- Portabilidad de los datos entre diferentes ordenadores.
- Gran capacidad de almacenamiento (teóricamente ilimitada).

1.3. Clasificación de los archivos según su uso.

Archivos permanentes; Contienen información que varía poco a lo largo del tiempo. Por ejemplo:

- o Archivos constantes: información sobre datos geográficos (provincias, capital, población, ciudades, etc).
- o Archivos históricos: Guardan toda la información de un periodo de operaciones (por ejemplo situación final de una contabilidad de una empresa).

Archivos de movimientos: Se crean para actualizar los archivos permanentes. Sus registros, denominados transacciones, son de tres tipos: **altas, bajas** y **modificaciones.**

Una vez realizada la actualización el archivo pierde su utilidad y se hace desaparecer, para comenzar la creación de uno nuevo. Por ejemplo las entradas y salidas de una almacén, una vez actualizado el fichero de almacén puede desaparecer el fichero de operaciones.

Archivos de maniobra: Tienen una vida muy limitada, normalmente menor que la duración de la ejecución de un programa. Se utilizan como auxiliares de los anteriores.

1.4. Organización de archivos.

Los archivos se organizan para su almacenamiento y acceso según las necesidades de las aplicaciones que los van a utilizar y el tipo de soporte utilizado.

Las principales organizaciones de archivos son:

- o Secuencial.
- o Aleatoria o directa.
- o Secuencial indexada.

Secuencial

Es aquella en la cual los registros ocupan posiciones consecutivas de memoria y que sólo se puede acceder a ellos de uno en uno a partir del primero.

En un archivo secuencial, no se pueden hacer operaciones de lectura cuando se está escribiendo ni de lectura cuando se está leyendo.

Para actualizarlos es preciso crear nuevos archivos donde se copien los antiguos junto con las modificaciones.

Organización aleatoria o directa.

Las informaciones se colocan y se aceden directamente mediante su posición (como en los arrays), indicando el lugar relativo que ocupan dentro del conjunto de posiciones posibles.

En esta organización se pueden leer y escribir registros en cualquier orden y en cualquier lugar.

El inconveniente que tienen es que es tarea del programador establecer la relación entre la posición que ocupa un registro y su contenido.

Su principal ventaja es la rapidez de acceso a un registro, ya que no es preciso pasar por los anteriores para llegar al registro requerido.

Organización Secuencial Indexada.

En este tipo de organización el propio sistema se encarga de relacionar la posición de cada registro con su contenido por medio de índices.

El inconveniente principal es la necesidad de espacio adicional para el área de índices.

Por otro lado no todos los lenguajes permiten este tipo de organización (por ejemplo C no lo contempla). Por tanto en estos lenguajes, si deseamos usarla tendremos que simularla nosotros, actualizando los índices y conexiones entre dichos índices y el fichero de datos.

Los ficheros de índices los deberemos llevar ordenados para que las búsquedas sean más rápidas y en todo momento estarán conectados con el fichero de datos.

Indice		Datos			
Alvarez	4	0	Rodriguez	C/ Palencia, 7	Granada
Benitez	5	1	López	C/ Ubeda, 6	Jaen
Iruela	3	2	Sánchez	C/ Fray Luis, 56	Granada
López	1	3	Iruela	C/ Puerta, 5	Valencia
Rodríguez	0	4	Alvarez	C/ Plato, 34	Madrid
Sánchez	2	5	Benitez	C/ Granada, 2	Baza

Por tanto si yo inserto un nuevo dato en el fichero, lo primero que debo hacer es añadirlo al índice ordenándolo. A continuación añado los datos y la posición donde he añadido estos datos, la guardo junto al índice para que este apunte a dicha posición.

1.5. Archivos en C.

Desde el punto de vista de C, un archivo no es mas que una estructura de datos que se declara con la palabra reservada FILE. Se accede a ella mediante un puntero a ese tipo de estructura y mediante una serie de funciones incluidas en la biblioteca *stdio*.

En C se distingue entre dos tipos básicos de archivos a la hora de almacenar información:

- Los de caracteres o de texto
- Los binarios

Los primeros son archivos de texto, compuestos por caracteres y por tanto hay que leer mediante funciones orientadas a carácter. (funciones del tipo *printf, scanf, etc)*.

Los segundos, binarios, son archivos formados por estructuras. Como es lógico estas estructuras pueden tener campos que no sean cadenas de caracteres, por ello se almacenan en los archivos como información binaria.

La biblioteca de entrada/salida estándar proporciona varias funciones para trabajar con estos archivos, como por ejemplo *fread(), fwrite(), etc.* Estas funciones permitirán leer y escribir estructuras.

1.6. Funciones básicas de acceso a los archivos.

Ficheros de texto	Ficheros Binarios
Declaración de un fichero	
FILE *nombre_variable	FILE *nombre_variable
Apertura de un fichero	

nombre_variable=fopen ("nombre.txt",modo);
f = fopen ("datos.txt", "r");
f = fopen ("datos.txt", "w");
f = fopen ("datos.txt", "r+");
	variable_fichero = fopen (nombre_fichero, modo)
	f = fopen ("datos.bin", "rb");
	f = fopen ("datos.bin", "wb");
	f = fopen ("datos.bin", "r+b");

Cierre de un fichero	

fclose (variable_fichero);	fclose (variable_fichero);
Lectura/escritura de un fichero	
Lectura/Escritura de caracteres: fgetc, fputc Lectura/Escritura de cadenas: fgets, fputs Lectura/Escritura con formato: fscanf, fprintf Veamos un ejemplo: *Lectura de un carácter:* *c = fgetc (fcar);* *Lectura de una cadena:* *fgets (s, MAXCAR, fcad)* *Lectura de un nº entero:* *fscanf (fent, "%d", &i);*	fread (direc_variable, sizeof(Tr), 1, variable_fichero) fwrite (direc_variable, sizeof(Tr), 1, variable_fichero) ftell (variable_fichero) Devuelve tamaño en bytes Veamos el siguiente ejemplo: *int i, n;* *Tpersona empleado;* *Tpersona tablaemp[N];* *Fichero femp;* *Lectura de un empleado:* *fread (&empleado, sizeof(Tpersona), 1, femp);* *Lectura de N empleados* *fread (tablaemp, sizeof(Tpersona), n, femp)*
Detección del final de un fichero	
feof (variable_fichero) *leer elemento del fichero* *while (!feof (variable_fichero)) {* *Tratar elemento;* *Pasar al elemento siguiente;* *}*	feof (variable_fichero) *leer elemento del fichero* *while (!feof (variable_fichero)) {* *Tratar elemento;* *Pasar al elemento siguiente;* *}*
Acceso directo	
	int posición; Tr variable; Fichero variable_fichero; **a) Lectura** *fseek (variable_fichero,(posición-1)sizeof(Tr),SEEK_SET);* *fread(&variable,sizeof(Tr),1,variable_fichero);* **b) Escritura** *fseek (variable_fichero, (posición-1)*sizeof(Tr),SEEK_SET)* *fwrite(&variable,sizeof(Tr),1,variable_fichero);* **c) Modificación** *fseek(variable_fichero,(posición-1)*sizeof(Tr),SEEK_SET);*

	fread (&variable,sizeof(Tr),1,vasrible_fichero); *fflush(variable_fichero);* *fseek(variable_fichero,(posición-1)*sizeof(Tr),* *SEEK_SET),* *fwrite(&variable,sizeof(Tr),1,variable_fichero);*

Como habréis observado, un fichero se puede abrir de distintas formas en función de las operaciones que sobre el mismo se deseen realizar. Las formas posibles son:

Tipo	Descripción
r	Abre el archivo para lectura. El archivo debe existir previamente, en otro caso se produce un error
w	Abre el archivo para escritura. Si no existe se crea y si existe se destruye el contenido del anterior.
a	Abre el archivo para escritura desde el final del mismo. Es decir, añade. Si el archivo no existía, se crea uno nuevo.
r+	Abre el archivo tanto para lectura como para escritura por el comienzo. Debe existir el archivo, si no se produce un error.
w+	Abre el archivo tanto para lectura como para escritura por el comienzo. Si ya existía, el contenido previo se borra. Si no existía, se crea.
a+	Abre el archivo para lectura y escritura por el final. Si no existía previamente, se crea un archivo nuevo.

En el siguiente ejemplo se muestra como manejar ficheros de texto.

```c
/* Programa que lee el fichero array1.cpp le transforma las letras
a en * y el resultado lo escribe en el fichero copia.bak */

#include <stdio.h>
#include "conio.h"
int main(void)
{
  FILE *in, *out;
  char c;

  if ((in = fopen("c:/pruebas/array1.cpp", "rt"))== NULL)
  {
    fprintf(stderr, "No se puede abrir.\n");
    return 1;
  }

  if ((out = fopen("copia.bak", "wt")) == NULL)
  {
    fprintf(stderr, "No se puede abrir el fichero de salida.\n");
    return 1;
  }


  while (!feof(in))
    {
    c=fgetc(in); //lee un caracter del fichero
    putchar (c); //Muestra en pantalla el carácter procesado
    if (c=='a') c='*';
    fputc(c, out); //escribe el carácter en el fichero de salida
    }
  getch();
  fclose(in);
  fclose(out);
  return 0;
}
```

A continuación veamos un ejemplo de uso de ficheros binarios, con acceso aleatorio.

```c
#include <string.h>
#include <stdio.h>

int main(void)
{
    struct persona {
        char nombre[20];
        int edad;
        } persona1;

    //*persona;

    FILE *stream,*f;
    persona alumno;
    char msg[20];
    int i=0;

    /* Abrir fichero para actualizar */
    stream = fopen("uno.txt", "r+");

    /*Introducimos 5 datos de 5 personas*/
    for (i=1;i<=5;i++) {
        printf ("Introduce nombre....");
        scanf ("%s",alumno.nombre);
        printf ("Introduce edad.... ");
        scanf ("%d",&alumno.edad);
        /* Escribo en el fichero */
        fwrite((char *)&alumno, sizeof(alumno), 1, stream);

    }

    printf("\n Introduce alumno a consultar ");
    scanf ("%d",&i);
    while (i!=0) {
      /*Nos situamos en la posición indicada */
      fseek(stream, (i-1)*sizeof (alumno), 0);

      /* lee una estructura alumno, en la posición que nos ha situado fseek */
```

```
        fread((char *)&alumno, sizeof (alumno), 1, stream);

    /* Mostrar los datos leídos */
      printf("\n nombre %s", alumno.nombre);
      printf("\n Edad %d", alumno.edad);
      printf("\n Introduce alumno a consultar ");
      scanf ("%d",&i);
    }

    fclose(stream);
    return 0;
}
```

Tema 2. Estructuras dinámicas de datos: listas, colas, pilas y árboles.

1. Punteros

2. Listas

3. Colas

4. Pilas

5. Árboles

Objetivos del tema:

En este tema se dotará al alumno de los conocimientos necesarios para realizar todas las operaciones necesarias sobre las estructuras dinámicas de datos, para poder resolver cualquier problema en que estas intervengan.

1. Punteros

1.1. Concepto de puntero.

Como bien sabemos, en ellos reside gran parte de la potencia del lenguaje C, se trata de un tipo de variable que lo que contiene es una dirección de memoria en la que se supone se encuentra otra variable. Es decir apunta a algún sitio.

Se declaran de la siguiente manera:

[tipo al que apuntan] *[nombre]

char *p;

'p' es una variable que contendrá la dirección de memoria en la que se aloja un char;

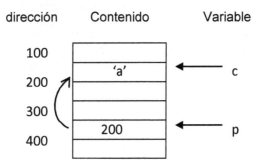

Lo que representa el esquema anterior, bien podría ser el siguiente caso:

```
{
        char c = 'a';
        char *p;
        p = &c;
}
```

Formas de acceder a un puntero:

*p Obtenemos el valor de la variable a la que apunta, 'a'
p La dirección de memoria dónde está la variable a la que apuntamos, 200.
&p La dirección donde está alojado p, 500.

Es interesante observar que en la declaración del puntero, indicamos a qué tipo de dato va a apuntar. Esto quiere decir que en el ejemplo anterior la sentencia *p=89'56 daría un error.

1.2. Aritmética de punteros.

La aritmética más frecuentemente usada con punteros son las sencillas operaciones de asignación, incremento o decremento y deferenciación. Todo otro tipo de aritmética con ellos está prohibida o es de uso peligroso. Por ejemplo no está permitido, sumar, restar, dividir, multiplicar, etc. dos apuntadores entre sí. Lo cual si lo pensamos un poco es bastante lógico, ya que de nada me serviría sumar dos direcciones de memoria.

Otras operaciones están permitidas como la comparación de dos punteros (pun1==pun2 o bien pun1>=pun2), sin embargo este tipo de operaciones son potencialmente peligrosas, ya que algunos modelos de punteros pueden no funcionar correctamente.

Por tanto operaciones que podemos realizar sobre punteros

```
pun++

pun—

pun+=1

pun-=1
```

podrían ser:

Cuidado con el siguiente ejemplo, ya que no es igual *p++ que *(p++), ya que en el primer caso se le sumaría 1 al contenido de *p y en el segundo caso pasaríamos a la siguiente dirección a la que está apuntando p en este instante.

1.3. Aritmética de punteros y Arrays.

Tal y como hemos visto, un puntero no es más que una variable que apunta a otra, un uso corriente de éstos es para recorrer arrays, un array no es más que una serie de posiciones de memoria consecutivas referenciadas por una variable:

```
int numero;
     int v[4] = { 1, 2, 3, 4 };

{
     /* Asignamos el cuarto elemento (4) a "numero" */
     numero = v[3];
}
```

Esto mismo podemos hacerlo con punteros gracias a la aritmética de punteros. A un puntero podemos decirle avanza n posiciones o retrocede n posiciones, y el sólo sabrá las posiciones de memoria que tendrá que avanzar dependiendo de el tipo al que apunte, es decir si apunta a un tipo byte "sabrá" que cuando le pedimos que avance uno, tendrá que avanzar un byte.

```
int numero;
    int v[4] = { 1, 2, 3, 4 };
int *p;


{
        /* Hacemos que "p" apunte al primer elemento del
vector (array) */
        p = v;   /* = que p = &v[0]; */
        numero = *( p + 3 );
}
```

Cuidado con no usar los paréntesis, ya que el operador '*' posee preferencia sobre el operador '+'.

NOTA: El tamaño de una variable tipo puntero en memoria depende del tipo de memoria que queramos direccionar (en MS-DOS 16bits (2 bytes), con memoria lineal (modo protegido) 32 bits).

Cuando usamos punteros para acceder a arrays (por ejemplo a cadenas), suele ser bastante útil declarar el puntero como variable tipo "register" ya que esto incrementa (si puede) la velocidad que ya de por sí tienen los punteros.

Ejemplo:

```
/* strlen recibe un puntero a char (cadena)
    devuelve el tamaño de la misma */
int strlen( char *s )
{
    register char *p = s;
    while ( *p ) p++;
    return ( p – s );
}
```

1.4. Los punteros y las funciones:

Hay que tener en cuenta, que C, al contrario que otros lenguajes como BASIC o PASCAL, no tiene variables pasadas a funciones por valor (copia del valor) o por referencia (dirección de la variable).

En C sólo podemos pasarle las variables por valor a una función, es decir no es la variable en sí sino un duplicado de la misma.

Para remediar ésto, hay que emplear punteros, es decir en vez de pasar una variable le pasamos otra que apunte a ella, en definitiva un puntero.
Todos los cambios que realicemos sobre la variable apuntada, como se realizan directamente en memoria, perduran una vez finalizada la función.

```
void resta2( int *numero )
{
    *numero = *numero – 2;
    /* Estupidez */
        numero = numero +        100;
}

void main( void )
{
    int n = 10;
    int *p;

    p = n;
    resta2( n );
}
```

Resultado de ejecutar el ejemplo anterior:
    n => 8
    p => &n
p sigue apuntando a n, porque aunque modifiquemos el valor del puntero en la función, insisto en que todas las variables se pasan por valor, es decir no hemos pasado el puntero en realidad sino una copia del valor del puntero (dirección de p en este caso).

Ejemplos:

```
/* Copia una cadena en otra */
   char *strcpy( char *d, char *s )
{
       char *ptr = d;
       while ( *d++ = *s++ );
       return( ptr );
}

/* Concatena dos cadenas */
char *strcat2( char *d, char *s )
{
       char *p = d;
       strcpy( char *( d + strlen( d ) ), s );
       return( p );
}
```

1.5. Punteros a estructuras.

Los punteros pueden también servir para el manejo de estructuras , y su alojamiento dinámico , pero tienen además la propiedad de poder direccionar a los miembros de las mismas utilizando un operador particular , el -> , (escrito con los símbolos "menos" seguido por "mayor") .

Supongamos que deseamos crear una estructura y luego asignar valores a sus miembros , por los métodos ya descriptos anteriormente :

```
struct  conjunto {
            int a    ;
            double b  ;
            char c[5] ;
          } stconj   ;
stconj.a = 10    ;
stconj.b = 1.15  ;
stconj.c[0] = 'A' ;
```

La forma de realizar lo mismo , mediante el uso de un puntero, sería la siguiente :

```
struct  conjunto {
            int a    ;
            double b  ;
            char c[5] ;
            } *ptrconj    ;

ptrconj = (struct conjunto *)malloc( sizeof( struct conjunto )) ;
ptrconj->a = 10    ;
ptrconj->b = 1.15   ;
ptrconj->c[0]  = 'A' ;
```

En este caso vemos que antes de inicializar un elemento de la estructura es necesario alojarla en la memoria mediante malloc(), observe atentamente la instrucción: primero se indica que el puntero que devuelve la función sea del tipo de apuntador a conjunto (ésto es sólo formal), y luego con sizeof se le da como argumento las dimensiones en bytes de la estructura.

```
struct   conj {
            int a     ;
            double b  ;
            char c[5] ;
            } ;
conj *ptrconj ;
ptrconj = ( conj *)malloc( sizeof( conj )) ;
```

Ya que c es un array podemos escribir :
            x = *ptrconj -> c ;
la duda aquí es, si nos referimos al contenido apuntado por ptrconj
ó   por   c.
Vemos que el operador -> es de mayor precedencia que la de * (dereferenciación), por lo que, el resultado de la expresión es asignar el valor apuntado por c, es decir el contenido de c[0] .

De la misma forma:
*ptrconj -> c++ ; incrementa el puntero c , haciendolo tener la direccion
            de c[1] y luego extrae el valor de éste .
++ptrconj -> c ; incrementa el valor de c[0] .

En caso de duda , es conveniente el uso a discreción de paréntesis , para saltar por sobre las , a veces complicadas , reglas que impone la precedencia así , si queremos por ejemplo el valor de c[3] , la forma más clara de escribir es:
*(ptrconj -> (c + 4)) ;
(Recuerdar que c[3] es el CUARTO elemento del array).

1.6. Asignación dinámica de memoria:

Para hacer uso de este tipo de memoria, tenemos que declarar un variable tipo puntero al dato que queramos manejar. Se emplean, principalmente, las siguientes funciones:

void *malloc(**size_t**)
void *calloc(**size_t**, int **tam**)
void *realloc(void ***ptr, size_t**)

malloc:

Devuelve, si ha tenido éxito, un puntero (void) a la zona de memoria que se ha asignado, si no, devuelve NULL.

Como argumentos recibe:

size_t: Número de bytes que deseamos dimensionar.

Para que la llamada tenga éxito, no sólo es necesario que dispongamos de la memoria necesaria libre sino que además esta memoria debe de ser consecutiva.

calloc:

(Clear alloc)

Argumentos:

size_t: Número de elementos de tamaño 'n' que queremos que quepan en la zona de memoria.

int tam: Tamaño de estos elementos.

Produce el mismo resultado que un malloc, con la salvedad que calloc además inicializa la memoria a 0s.

Hay que tener en cuenta, que un calloc no funciona exáctamente igual que el malloc, ya que en malloc, generalmente, asignábamos un valor a size_t igual al número de elementos multiplicado por el tamaño de los mismos, nótese que con calloc esto no es necesario, ya que el tamaño de los elementos se lo pasamos en **tam**.

Ejemplo:
long *ptr;

```
/* Dos asignaciones idénticas */
/* 1 */
ptr = malloc( sizeof( long ) * 10 );
memset( ptr, 0, 10 );

/* 2 */
ptr = calloc( 10, sizeof( long ) );
```

realloc:

Reasigna una zona de memoria previamente dimensionada, o asigna una nueva en caso de que la zona que queramos redimensionar sea NULL.

Como parámetros recibe:

void *ptr: Puntero a la zona de memoria que queremos redimensionar

size_t: bytes a dimensionar (Igual que en malloc).

Retorna un puntero a la nueva zona de memoria, hay que tener en cuenta que no tendrá por qué ser la misma que antes, así que siempre tenemos que igualar el puntero al valor de esta función. También hay que pensar que realloc lo que hace realmente es liberar esa zona de memoria y meter los datos en otra.

Ejemplo:

```
char *ptr = NULL;
char *tmp;


ptr = ( char * ) malloc( sizeof( char ) * 10 );

tmp = ( char * ) realloc( ptr, sizeof( char ) * 20 );


/* Comprobamos que no ha fallado */

if ( tmp )

    ptr = tmp;
```

1.7. Liberar la memoria asignada:

Para liberar memoria asignada con las funciones anteriores (u otras basadas en estas) emplearemos:

free:

```
void free( void *ptr )
```

Tan sólo debemos preocuparnos de que le pasemos en **ptr** el puntero a la zona de memoria que queremos liberar.

```
/*

    USO DEL MALLOC
*/

#include <stdio.h>
#include <string.h>
#include <malloc.h>
#include <conio.h>

int main(void)
{
    char * ptr = NULL;
    unsigned int n = 0;

    printf("\n Número de caracteres: ");
    scanf("%d", &n);
```

```
if (n)
{
        if ( (ptr = malloc( (sizeof( char ) * n) + 1 )) != NULL )
        {
                int i;

                memset(ptr, 0, (n + 1) );

                for( i = 0 ; i < n ; i++ )
                {
                        *(ptr + i) = getche();
                }
                free(ptr);
        }
        else
                printf( "Error asignando memoria\n" );
}
else
        printf( "Número de caracteres no válido\n");
}

return (0);
}
```

2. Listas

1. Definición y tipos.
   - Listas encadenadas.
   - Listas doblemente encadenadas.
2. Métodos empleados para trabajar con listas.

2.1. Definición y tipos.

Una lista es un conjunto de nodos relacionados. Cada nodo consta de dos partes: una donde se almacena la información y otra donde se guarda una referencia al siguiente nodo (en algunos tipos de listas se guarda también la referencia al nodo anterior).

A medida que se van introduciendo elementos de información, se pueden ir creando en memoria más nodos, de manera que todos estén relacionados. La ventaja fundamental de esta representación es que no se necesita conocer a priori la cantidad de datos que se van a manejar, puesto que a medida que se van introduciendo se va creando la estructura.

Listas encadenadas.

Cualquiera de sus nodos referencia al nodo que le sigue, pero sólo a ese. (No puedo ir en sentido contrario).

Ejemplo:

```
struct nodo
    {
        int dato;
        struct nodo *siguiente;
    }
```

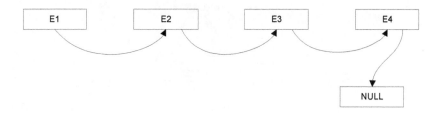

Listas doblemente encadenadas.

Son idénticas a las anteriores, pero con la salvedad de que además de referenciar al elemento siguiente también lo hacen al anterior:

Ejemplo:

```
struct nodo
```

```
{
        int dato;

        struct nodo *siguiente;

        struct nodo *anterior;
}
```

2.2. Métodos empleados para trabajar con las listas.

Un dato que siempre tenemos que tener presente es el nodo "raiz" es decir el primer nodo de la lista.

Creación del nodo:

Emplearemos la siguiente función ("Crea_Nodo") que devolverá un puntero a nodo (el nodo que acabamos de crear) y a la que le pasaremos un dato del tipo que queremos almacenar en la lista (en los ejemplos "int").

PNODO Crea_Nodo(int n)

```
{
        PNODO nodo ;

        nodo = ( PNODO ) calloc( 1, sizeof( NODO ) ) ;
        if ( nodo )
        {
                nodo->valor = n ;
                nodo->siguiente=NULL;
        }
        return ( nodo );
}
```

Liberar un nodo:

Para liberar un nodo, nos bastará realizar una llamada a free pasándole como parámetro el puntero al nodo que queremos liberar.

Inserción de un nodo:

Para insertar un nodo en la lista, en caso de que no esté ordenada, utilizaremos un algoritmo similar a la siguiente:

```
PNODO *actual, *raiz;
```

(...)

```
nuevo=crea_nodo(valor);

        /* Si no hay raiz este es el primer elemento */
if ( !raiz )

        raiz = actual = nuevo ;
else
{

        actual->siguiente = nuevo ;

        actual = nuevo ;

}
```

Y para listas doblemente encadenadas:

```
if ( !raiz )

        raiz = actual = nuevo ;
else
{

        actual->siguiente = nuevo ;

        nuevo->anterior = actual;

        actual = nuevo ;

}
```

Recorrer la lista:

Para recorrer la lista, nos bastará con el siguiente bucle.

```
while ( actual )
{
        printf( "%d ", actual->valor ) ;


        /* Paso al siguiente */
        actual = actual->siguiente ;
}
```

Listas ordenadas:

Para trabajar con listas ordenadas, tenemos que tener en cuenta, que a la hora de insertar caben tres posibilidades:

- Que sea más pequeño que el primero (o sea el único)
- Que sea mayor que el último
- Que esté por el medio de la lista

Si es más pequeño que el primero, nos basta con colocarlo como nodo raiz en la lista y además hacer que su siguiente sea el que hasta ahora era la raiz.

Los otros dos casos funcionan de la manera que indica el siguiente esquema.

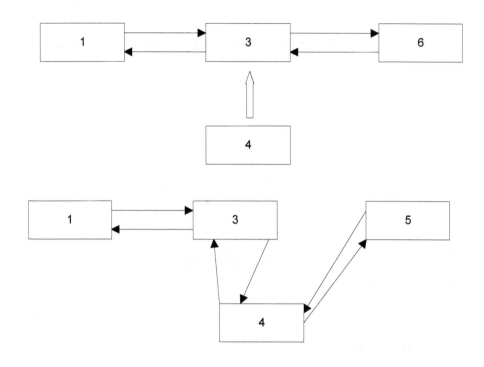

Las funciones, básicamente, quedarán así:

/*

     Localiza la posición en la que debe de ir un nodo

*/

PNODO Busca_Lugar(PNODO raiz, PNODO nuevo)

{

    PNODO tmp = raiz;

    PNODO actual = NULL;

    while (tmp && tmp->valor <= nuevo->valor)

```
        {
                actual = tmp;
                tmp = tmp->siguiente;
        }


        return( actual );
}



/* Inserta un nodo en la lista */
PNODO Inserta_Nodo( PNODO raiz, PNODO nuevo, int *cmp)
{
    PNODO *tmp;
    if ( ( tmp = Busca_Lugar( raiz, nuevo) ) == NULL)
    {
            if ( raiz )
                    raiz->anterior = nuevo;
            nuevo->siguiente = raiz;
            raiz = nuevo;

    }
    else
    {
            nuevo->siguiente = tmp->siguiente;
```

```
        nuevo->anterior = tmp;

        tmp->siguiente = nuevo;


        if ( nuevo->siguiente )

                nuevo->siguiente->anterior = nuevo;

    }


    return( raiz );

}
```

Eliminar un nodo de una lista doblemente enlazada:

Nos bastará fijarnos en el siguiente esquema, para saber como funcionará el borrado de un elemento.

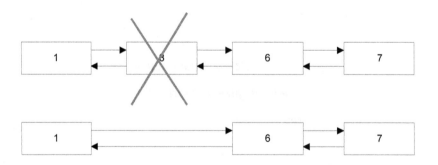

Aún así, hay que tener en cuenta, que se nos presentan tres casos posibles:

- Que el nodo esté a mitad de la lista

- Que sea el primero
- Que sea el último

Para ello, nos bastará con comprobar: si el que queremos borrar tiene un nodo siguiente, al siguiente le asignamos como anterior el anterior al que queremos borrar (fijarse en el esquema para no liarse).

Y si tiene anterior, al nodo anterior "le decimos" que su siguiente es el siguiente del nodo a borrar.

Para finalizar, nos basta comprobar que si el nodo a eliminar es el raiz, como la lista no puede quedarse sin raiz, asignamos al nodo siguiente (que ahora será el primero) como raiz de la lista.

```
PNODO Elimina_Nodo( PNODO raiz, PNODO elim )
{
        if ( elim->anterior )
                elim->anterior->siguiente = elim->siguiente;


        if ( elim->siguiente )
                elim->siguiente->anterior = elim->anterior;


        if ( elim == raiz )
                raiz = raiz->siguiente;


        free( elim );
```

```
        return( raiz );
    }
```

3. Colas y Pilas

> 1. Definición
> 2. Colas
> 3. Pilas

1. Definición

Se tratan de dos tipos de listas especiales.

Las **Colas** son las llamadas *FIFO* (First In First Out – Primero en entrar primero en salir) y su símil podría ser el de la cola del cine: el primero que llega, es el primero que sale de ella. Y para ellas utilizaremos unas funciones denominadas generalmente:

> PUT -> Meter un elemento en la lista
>
> GET -> Extraer un elemento de la lista

Las **Pilas** son las denominadas *LIFO* (Last In First Out – Último en llegar primero en salir) y funcionan exactamente igual que una pila de bandejas, en la que la última que dejas es la primera que se coge. Sus funciones son las siguientes (os sonarán del manejo de la pila en ensamblador)

```
PUSH -> Meter un elemento

POP -> Extraer un elemento
```

Normalmente, tanto las pilas como las colas tienen una estructura denominada *Cabecera* o *Head* que suele ser de la siguiente forma:

Struct PNODO

{

     PNODO primero;

     PNODO ultimo;

     PNODO actual

} HEAD, *PHEAD;

A los nodos primero y último, se suelen llamar *Head* y *Tail* en las colas y *Top* y *Bottom* en las pilas.

2. Colas.

Como hemos dicho, las colas poseen dos funciones específicas que solemos denominar Get y Put, (por sencillez, suponemos el tipo de dato "int").

Put:

Para insertar un elemento en la cola, se pueden dar dos casos:

- Que no haya ningún elemento
- Que haya algún elemento

Si no hay ningún elemento, el nuevo elemento será a la vez el primero y el último de la cola, luego actualizaremos la cabecera con esos valores

Si hay algún elemento, hay que hacer varias cosas:

- El puntero "siguiente" del nodo último deberá apuntar al nuevo nodo.
- El puntero "ultimo" de la cabecera, pasará a apuntar también al nuevo nodo.

Con el esquema que expongo a continuación se puede entender el proceso a la perfección.

Y La función, en C, quedaría así:

```
PNODO Put( PHEAD Head, int n )
{
        head->actual = Crea_Nodo( n );


        if ( head->actual )
```

```
                    {
                    if ( !head->primero )

                                    head->primero  =  head->ultimo  =
                    head->actual;

                            else

                            {

                                    head->ultimo->siguiente   =   head-
                            >actual;

                                    head->actual->anterior    =    head-
                            >ultimo;

                                    head->ultimo = head->actual;

                            }

                    }


                    return ( n );

            }
```

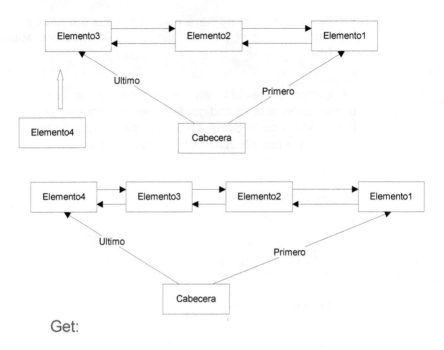

Get:

Con Get extraemos el primer elemento de la cola, básicamente funciona, sacando el elemento y cambiando los valores de la cabecera.

Pasos a seguir:

- Sacar el valor del primer elemento, que será lo que devolverá la función.
- Almacenar de manera temporal un puntero al elemento a sacar.
- Hacer que el puntero "primero" de la cabecera apunte al elemento que sigue al primero.
- Liberamos el nodo.
- Hacemos que el puntero "actual" de la cabecera apunte al que ahora es el primero de la cola.

- En caso de que no haya más elementos (no haya primero), hacemos que el puntero "ultimo" de la cabecera apunte a NULL.

La función en realidad es más sencilla de lo que parece, a continuación está el código, tener en cuenta que se ha usado head->actual como puntero temporal, pero so podría haber usado una variable tipo PNODO de la misma manera.

```
int Get( PHEAD head )
{
    int n = 0;

    if ( head->primero )
    {
        n = head->primero->valor;
        head->actual = head->primero;
        head->primero = head->primero->siguiente;
        free( head->actual );
        head->actual = head->primero;
        if ( !head->primero )
            head->ultimo = NULL;
    }

    return ( n );
}
```

Aunque lo mejor para comprobar su funcionamiento, es ver un ejemplo completo. El que pongo a continuación es básicamente el que hemos empleado con las listas, pero modificado para trabajar con Colas (los cambios son mínimos).

```
/*

    COLAS

    */

#include <stdio.h>

#include <stdlib.h>

#include <conio.h>

#include <string.h>


/* Estructura de los nodos */

typedef struct nodo

{

    int valor;

    struct nodo *siguiente ;

    struct nodo *anterior ;

}NODO, *PNODO ;



/* Cabecera */

typedef struct
```

```
        {
                PNODO primero;
                PNODO ultimo;
                PNODO actual;
        } HEAD, *PHEAD;



        PNODO Put( PHEAD head, int n );
        int Get( PHEAD head );
        PNODO Crea_Nodo( int valor ) ;

        void main( void )
        {
                HEAD head;
                char str[4];
                int n = 0;


                /* Inicializamos a 0 los valores de la cabecera -> Importante */
                memset( &head, 0, sizeof( HEAD ) );

                clrscr();


                do
                {
```

```
                          /* Capturamos un número a insertar o 0 para finalizar
        */

              fgets( str, 4, stdin );

                 n = atoi( str );

                 if ( n )

                          if ( !Put( &head, n ) )

                                  n = 0;

        } while ( n );


        /* Mostramos los elementos de la cola */
              while ( ( n = Get( &head ) ) != 0)

                 printf( "%d\n", n );


    }


    PNODO Put( PHEAD head, int n )

    {

        head->actual = Crea_Nodo( n );

        if ( head->actual )

        {

              if ( !head->primero )

                     head->primero  =  head->ultimo  =  head-
        >actual;

              else

              {
```

```
                    head->ultimo->siguiente = head->actual;
                    head->actual->anterior = head->ultimo;
                    head->ultimo = head->actual;
            }
    }

    return ( head->actual );
}


/* Devolvemos el valor del elemento o 0 si no hay ninguno */
int Get( PHEAD head )
{
    int n = 0;

        if ( head->primero )
        {
                n = head->primero->valor;
                head->actual = head->primero;
                head->primero = head->primero->siguiente;
                free( head->actual );
                head->actual = head->primero;
                if ( !head->primero )
                        head->ultimo = NULL;
        }
```

```
        return ( n );
    }



    PNODO Crea_Nodo( int n )
    {
        PNODO nodo ;

        nodo = (PNODO) calloc( 1, sizeof( NODO ) ) ;
        if ( nodo )
        {
                nodo->valor = n ;
        }

        return ( nodo );
    }
```

3. Pilas.

Las pilas contienen dos funciones llamadas PUSH y POP. Cómo hemos dicho una pila funciona de manera análoga a una pila de bandejas o platos, luego con PUSH colocaremos un plato en la pila y con POP lo recuperaremos.

Esquemáticamente estas funciones trabajan de la siguiente manera:

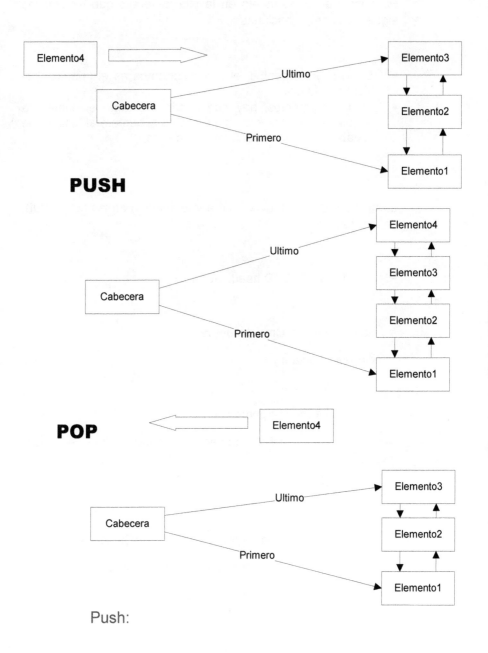

PUSH

POP

Push:

Para insertar un elemento en la pila, tenemos que realizar las siguientes comprobaciones:

- Si no hay elementos, el que insertamos es el primero y el último de la pila.
- Si hay elementos, hay que hacer que tanto el puntero a "siguiente" del último de la pila como el puntero al "ultimo" de la cabecera apunten al nuevo elemento.

La función, que es muy similar a la empleada en las colas (Put), se expresa así:

```
PNODO Push( PHEAD head, int n )
{
    head->actual = Crea_Nodo( n );
    if ( head->actual )
    {
        if ( !head->primero )
                head->primero = head->ultimo = head->actual;
        else
        {
            head->ultimo->siguiente = head->actual;
            head->actual->anterior = head->ultimo;
            head->ultimo = head->actual;
        }
```

```
        }


        return ( head->actual );

}
```

Pop:

Pop nos sirve para extraer el elemento que se encuentra en la parte de arriba de la pila (es decir el último insertado). Para ello, debemos realizar las siguientes comprobaciones:

- Primero asegurarse de que haya elementos en la pila (ya que ésta puede estar vacía en cuyo caso simplemente devolveremos 0).
- Si hay elementos, extraemos el valor del último, éste será el valor que devolverá la función.
- Salvaguardaremos un puntero al último elemento
- Haremos que el puntero "ultimo" de la cabecera apunte al anterior al que era hasta el momento el último.
- Liberaremos la memoria usada por el nodo a extraer (el último).
- Haremos que el puntero "actual" de la cabecera apunte al que era hasta el momento el anterior al último.

Si nos fijamos, es muy similar a la función empleada en las colas (Get) con la salvedad de que aquí en vez de el primer elemento, extraemos el último.

```
int Pop( PHEAD head )
```

```
{
    int n = 0;

    if ( head->ultimo )
    {
        n = head->ultimo->valor;
        head->actual = head->ultimo;
        head->ultimo = head->ultimo->anterior;
        free( head->actual );
        head->actual = head->ultimo;
    }

    return ( n );
}
```

Ahora veamos el mismo programa que antes, pero aplicando pilas en vez de colas.

```
/*
    PILAS
*/

#include <stdio.h>
```

```c
#include <stdlib.h>
#include <conio.h>
#include <string.h>


typedef struct nodo
{
    int valor;
    struct nodo *siguiente;
    struct nodo *anterior;
}NODO, *PNODO ;

typedef struct
{
    PNODO primero;
    PNODO ultimo;
    PNODO actual;
} HEAD, *PHEAD;

PNODO Push( PHEAD head, int n );
int Pop( PHEAD head );
PNODO Crea_Nodo( int valor ) ;

void main( void )
{
```

```
HEAD head;
char str[4];
int n = 0;


/* Inicializamos la cabecera */
memset( &head, 0, sizeof( HEAD ) );


do
{
        /* Capturamos un elemento, 0 para salir */
    fgets( str, 4, stdin );
        n = atoi( str );


    if ( n )
                if ( !Push( &head, n ) )
                        n = 0;
} while ( n );


/* Mostramos todos los elementos de la pila */
    while ( ( n = Pop( &head ) ) != 0)
        printf( "%d\n", n );


}
```

```
PNODO Push( PHEAD head, int n )
{
    head->actual = Crea_Nodo( n );
    if ( head->actual )
    {
        if ( !head->primero )
            head->primero = head->ultimo = head->actual;
        else
        {
            head->ultimo->siguiente = head->actual;
            head->actual->anterior = head->ultimo;
            head->ultimo = head->actual;
        }
    }

    return ( head->actual );
}

int Pop( PHEAD head )
{
    int n = 0;

    if ( head->ultimo )
```

```
        {
                n = head->ultimo->valor;

                head->actual = head->ultimo;

                head->ultimo = head->ultimo->anterior;

                free( head->actual );

                head->actual = head->ultimo;
        }


        return ( n );
}
PNODO Crea_Nodo( int n )
{
        PNODO nodo ;

        nodo = (PNODO) calloc( 1, sizeof( NODO ) ) ;
        if ( nodo )
        {
                nodo->valor = n ;
        }


        return ( nodo );
}
```

4. Árboles

1. Definición.
2. Tipos de árboles.

- Binarios.
- Equilibrados.
- Árbol B+.

4.1. Definición.

Un árbol es una estructura recursiva de datos en la que cada nodo puede tener 0, 1 o más descendientes, estos a su vez uno o varios descendientes y así sucesivamente.

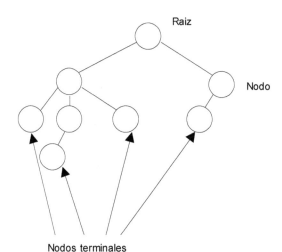

Los nodos que están por debajo de otro son sus **descendientes**.

Los que están justo debajo son sus **descendientes directos.**

Antecesores: los nodos que tiene por encima.

Antecesores directos: los nodos que están un nivel por encima.

Árbol binario: aquel en el que todos sus nodos tienen como mucho dos hijos. (descendientes directos).

Árboles multicamino: alguno de sus nodos tiene más de dos nodos hijos.

Grado del árbol: nº máximo de hijos que tiene un nodo.

Altura: Número de niveles.

Longitud de camino de un nodo: nº de saltos que ha de dar desde el nodo raíz para posicionarse en ese nodo.

4.2. Tipos

Árboles binarios.

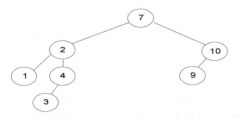

Bajando por la derecha de un nodo, son mayores a éste, y por la izquierda menores.

Un árbol está **equilibrado**, cuando el subárbol izquierdo y el derecho difieren como mucho en un nodo.

Árbol degenerado: no cumple la **regla de las alturas:** en el último nivel no debería haber por encima de él más alturas que las imprescindibles.

Árbol balanceado: (AUL) cada vez que se inserta un elemento se registra para no violar la regla de las alturas.

Árbol equilibrado

cuando el subárbol izquierdo y el derecho difieren como mucho en un nodo.

Lectura de un árbol:

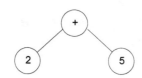

Pre-Orden: (Prefija) raíz – izquierda – derecha "+23"

In-Orden: (Infija) izquierda –raiz-- derecha "2+3"

Post-Orden: (Postfija) izquierda – derecha – raíz "23+"

Árbol B+:

Se emplean cuando no sabemos el número de hojas (nodos) que tendrá. En vez de crecer de la raíz hacia abajo, en este caso crece de las hojas hacia la raíz.

Un uso típico es el de los índices de las bases de datos.

Ejemplo:

Defino la página de por ejemplo de 9 elementos.

3	4	5	8	10	12			

Cuando se llena la página, se procede de la siguiente manera: el elemento del centro lo colocamos como padre de dos hijos: los de la izquierda (menores) y los de la derecha(mayores).

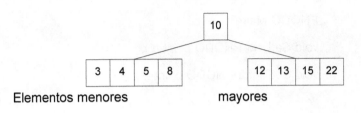

Elementos menores   mayores

Ejemplo práctico de árbol.

```
/*
    21/12/99


*/


#include <stdio.h>
#include <stdlib.h>
#include <conio.h>

struct nodo
{
    int info;
    struct nodo *left;
    struct nodo *right;
} NODO, *PNODO;
```

```
PNODO MakeTree( int n );
void SetLeft( PNODO p, int n );
void SetRight( PNODO p, int n );

/* Formas de recorrer el árbol */
void PreOrden( PNODO raiz );
void InOrden( PNODO raiz );
void main( void )
{
    PNODO tree = NULL;
    PNODO p, q;
    int num;
    char str[21];

    do
    {
        fgets( str, 21, stdin );

        if ( ( num = atoi( str ) ) != 0 )
        {
            if ( !tree )
                tree = MakeTree( num );
            else
```

```
                        {
                                p = q = tree;

                                while (  ( num != p->info ) && ( q !=
        NULL ) )
                                {
                                        p = q;

                                        if ( num < p->info )
                                                q = p->left;
                                        else
                                                q = p->right;
                                }

                                if ( num == p->info )
                                        printf( "Error, %d ya existe\n",
        num );
                                else
                                {
                                        if ( num < p->info )
                                                SetLeft( p, num );
                                        else
                                                SetRight( p, num );
                                }
                        }
```

```
            }
        } while ( num );


        PreOrden( tree );
    }


    /* Izquierda Derecha Raiz */
    void PostOrden( PNODO raiz )
    {
        if ( raiz )
        {
                PostOrden( raiz->left );
                PostOrden( raiz->right );
                printf( "%d\n", raiz->info );
        }
    }




    /* Raíz Izquierda Derecha */
    void PreOrden( PNODO raiz )
    {
        if ( raiz )
        {
```

```
            printf( "%d\n", raiz->info );
            PreOrden( raiz->left );
            PreOrden( raiz->right );
        }
    }


    /* Izquierda Raíz Derecho */
    void InOrden( PNODO raiz )
    {
        if ( raiz )
        {
            InOrden( raiz->left );
            printf( "%d\n", raiz->info );
            InOrden( raiz->right );
        }
    }



    PNODO MakeTree( int n )
    {
        PNODO p;

        p = ( PNODO ) calloc( 1, sizeof( NODO ) );
```

```
            if ( p )
                    p->info = n;


            return ( p );
    }


    void SetLeft( PNODO p, int n )
    {
        if ( p == NULL )
                printf( "Inserci¢n NO efectuada\n" );
        else
        {
                if ( p->left != NULL )
                        printf( "Inserci¢n NO efectuada\n" );
                else
                        p->left = MakeTree( n );
        }
    }


    void SetRight( PNODO p, int n )
    {
        if ( p == NULL )
                printf( "Inserci¢n NO efectuada\n" );
        else
```

```
        {
                if ( p->right != NULL )
                        printf( "Inserción NO efectuada\n" );
                else
                        p->right = MakeTree( n );


        }
}
```

En el programa, podemos ver que las funciones dedicadas a recorrer el árbol, trabajan de forma recursiva, es decir, son funciones que se llaman a sí mismas.

III Programación Orientada a Objetos

Metodología de la programación aplicada a JAVASCRIPT

Tema 1. Conceptos teóricos de la Programación Orientada a Objetos

1. ¿Qué es la Programación Orientada a Objetos?
2. Objeto.
3. Métodos y mensajes.
4. Clases.
5. Herencia.
6. Sobrecarga.
7. Polimorfismo.
8. Encapsulación.
9. Abstracción.
10. Ventajas de la POO.
11. Lenguajes que soportan POO.

Objetivos del tema:

En este tema realiza una breve introducción a diversos conceptos de programación dirigida a objetos y a los mecanismos de resolución de problemas a través de algoritmos, dándole al alumno una visión global del proceso para la resolución de problemas a través del ordenador con esta técnica de programación.

1. ¿Qué es la POO?

La POO es el método de implementación en el que los programas se organizan como colecciones cooperativas de objetos, cada uno de los cuales representa un ejemplar de una clase y cuyas clases son miembros de una jerarquía de clases unidas mediante relaciones de herencia.

Por tanto podemos establecer que en POO:

- La unidad lógica de programación es el objeto.
- Los objetos tienen relaciones.
- Existen clases que agrupan conceptualmente los objetos.
- Las clases pertenecen a una jerarquía (son las clases las que heredan y no los objetos).

2. Objeto

Entidad que contiene los atributos que describen el estado de un objeto del mundo real y las acciones que se asocian con el objeto del mundo real.

Un objeto es designado con un nombre o un identificador.

> OBJETO = DATOS + OPERACIONES

Los datos deberían estar ocultos en el objeto, y las operaciones serían el interface del objeto con el exterior, pero estas operaciones están encapsuladas en "cajas negras".

3. Métodos y mensajes

Los objetos se comunican mediante llamadas a funciones miembro o métodos: se dice entonces que "un objeto envía un mensaje a otro objeto".

El mensaje es la acción realizada por un objeto mediante la cual se invoca un método.

Componentes del mensaje:

> - Nombre del receptor del mensaje
> - Método invocado
> - Información necesaria para la ejecución del

Resumiendo, mensaje es la activación de un objeto.

El conjunto de mensajes que puede recibir un objeto se conoce como protocolo de un objeto.

4. Clases

Una clase es la descripción de un conjunto de objetos. Consta de métodos y datos que resumen las características comunes de un conjunto de objetos.

Muestra el comportamiento general de un grupo de objetos.

DISTINTOS OBJETOS ¬ DISTINTAS CLASES

Un objeto se crea mediante el envío de un mensaje de construcción a la clase.

1. Creación de objetos cuando se necesitan, mediante un mensaje de construcción a la clase.
2. Intercambio de mensajes entre objetos o entre usuario de objeto y objeto (diferencia fundamental entre lenguajes POO puros e híbridos).
3. Eliminar objetos cuando no se necesitan, mediante un mensaje de destrucción a la clase.

Análogamente para la destrucción del objeto, la clase recibe un mensaje de destrucción.

Un programa orientado a objetos se resume en 3 sucesos:

Identificación de clases

Partiendo del enunciado de un problema:

1. Todos los <u>nombres</u> del enunciado son objetos a tener en cuenta.

    *   Cosas tangibles ("coche")
    *   Roles o papeles ("em pleado")
    *   Organizaciones ("empresa")
    *   Incidentes o sucesos ("liquidación")
    *   Interacciones o relaciones ("pedido")

2. Los atributos son las características individuales de cada objeto, que serán extraídos de los <u>adjetivos</u> y <u>complementos del verbo</u> que haya en el enunciado.

3. Los métodos serán los <u>verbos</u> del enunciado. Tipos de método:

    *   Constructor
    *   Destructor
    *   Modificadores del estado
    *   Selectores (obtienen el estado del objeto: "visualizar")
    *   Mezcladores (ej. "sumar 2 números complejos")
    *   Cálculos o procesamientos

Por tanto podemos considerar una clase como una colección de objetos que poseen características y operaciones comunes. Una clase contiene toda la información necesaria para crear nuevos objetos.

5. Herencia

Herencia es la capacidad de un objeto (clase) para utilizar las estructuras y los métodos existentes en <u>antepasados</u> o <u>ascendientes</u>.

Es la reutilización de código desarrollado anteriormente.

Cuando usamos herencia decimos que hacemos <u>programación por herencia</u>: Definición de nuevos tipos a partir de otros con los que comparten algún tipo de característica.

Tipos de herencia

<u>Herencia simple</u>: un tipo derivado se crea a partir de una única clase base.

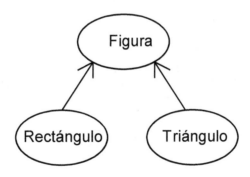

Herencia múltiple: una clase tienen más de una ascendiente inmediato.

La herencia múltiple puede plantear 2 tipos de problema:

- La *herencia repetida*: ej.: "profesor universitario hereda 2 veces los atributos de persona"
- Produce *ambigüedad* respecto a los atributos o los métodos. En la clase base pueden haber atributos que se llamen igual.

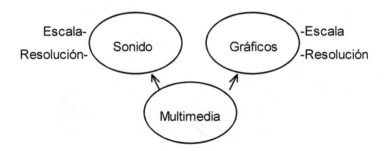

Sólo 2 lenguajes incorporan herencia múltiple: Eiffel y C++

Características de la herencia

Anulación o sustitución: cuando redefino un método heredado en la subclase, se dice que estoy anulando o sustituyendo dicho método. Sería deseable una "herencia selectiva": seleccionar lo que se requiere heredar es la mejor forma de anulación.
Sobrecarga: Propiedad que puede darse también sin herencia. Es designar varios elementos (identificadores) con el mismo nombre. No es anulación.
Polimorfismo (sobrecarga con anulación) es la forma de invocar a distintos métodos utilizando el mismo elemento de programa.

6. Sobrecarga.

Una de las maneras que tiene el C++ de llegar al polimorfismo es a través de la sobrecarga de funciones. En C++ , dos o mas funciones pueden compartir un nombre, siempre y cuando en la declaración, sus parámetros sean diferentes.

Sobrecarga se refiere a la práctica de cargar una función con más de un significado. Básicamente, el término expresa que se cargan uno o más identificadores de función sobre un identificador previo.

Porqué usar la sobrecarga.

La sobrecarga no es un concepto nuevo en los lenguajes de programación, por ejemplo el operador = está sobrecargado en muchos lenguajes de alto nivel y se utilizan en instrucciones de asignación y en expresiones condicionales como:

a = b;

if(a = b)

La sobrecarga otorga flexibilidad, permite a las personas utilizar código con menos esfuerzo, ya que extiende operaciones que son conceptualmente similares en naturaleza.

7. Polimorfismo

Polimorfismo es invocar métodos distintos con el mismo mensaje (ligadura en tiempo de ejecución).

Para ello es necesaria una jerarquía de herencia: una clase base que contenga un método polimórfico, que es redefinido en las clases derivadas (no anulado).

Se permite que los métodos de los hijos puedan ser invocados mediante un mensaje que se envía al padre.

Este tipo de clase que se usa para implementar el polimorfismo se conoce como clase abstracta.

8. Encapsulación.

Es una técnica que permite localizar y ocultar los detalles de un objeto. La encapsulación previene que un objeto sea manipulado por operaciones distintas de las definidas. La encapsulación es como una caja negra que esconde los datos y solamente permite acceder a ellos de forma controlada.

Las principales razones técnicas para la utilización de la encapsulación son:

> 1) Mantener a salvo los detalles de representación, si solamente nos interesa el comportamiento del objeto.
> 2) Modificar y ajustar la representación a mejores soluciones algorítmicas o a nuevas tecnologías de software.

8. Abstracción.

En el sentido mas general, una abstracción es una representación concisa de una idea o de un objeto complicado. En un sentido mas especifico, la abstracción localiza y oculta los detalles de un modelo o diseño para generar y manipular objetos.

Una abstracción tiene un significado más general que la encapsulación, pudiendo hablar de abstracción de datos en lugar de encapsulación de datos.

Como resumen de los 3 conceptos expuestos anteriormente podemos decir que:

1) Los objetos son encapsulaciones de abstracciones en la POO.
2) La unidad de encapsulación en la POO es el objeto.

En resumen....

Una clase es un tipo: Un objeto es una instancia de ese tipo. Además, la clase es un concepto estático: una clase es un elemento reconocible en el texto del programa.

Un objeto es un concepto puramente dinámico, el cual pertenece, no al texto del programa, sino a la memoria de la computadora, donde los objetos ocupan un espacio en tiempo de ejecución una vez que haya sido creado.

La programación orientada a objetos, ha tomado las mejores ideas de la programación estructurada y los ha combinado con varios conceptos nuevos y potentes que incitan a contemplar las tareas de programación desde un nuevo punto de vista. La programación orientada a objetos, permite descomponer mas fácilmente un problema en subgrupos de partes relacionadas del problema. Entonces, utilizando el lenguaje se pueden traducir estos subgrupos a unidades autocontenidas llamadas objetos.

10. Ventajas de la POO

La característica más notable del análisis y del diseño orientado a objetos es la posibilidad de modificar contínuamente el software durante las distintas fases de desarrollo.

Las modificaciones en un objeto no afectan al resto de elementos del sistema, ya que el sistema se compone de un conjunto de objetos y métodos donde cada objeto es una entidad aislada. (gracias al encapsulamiento).

La POO lleva implícito el concepto de reutilización del software.

La mayor parte de los entornos de POO incorporan una biblioteca de clases.

Como se puede ver en las gráficas en programación procedimental el mayor esfuerzo se realiza en las fases de mantenimiento y pruebas del software. Mientras que POO el mayor gasto lo llevan las fases de análisis y diseño.

11. Lenguajes de POO

SIMULA

Se considera que **SIMULA** es el primer Lenguaje de Programación Orientado a Objetos (en adelante LPOO), fue diseñado por **Kristen Nygaard** y **Ole Johan Dhal**, del **Norwegan Computer Center** (NCC). Se concibió para el desarrollo de simulaciones de procesos industriales y científicos, pero llegó a considerarse apto para desarrollar grandes aplicaciones.

Smalltalk

Más tarde surge el primer LPOO en sentido estricto: **Smalltalk_80**, diseñado por **Alan Kay** y **Adele Goldberg**, de la **XEROX PARC**. Además de ser considerado como primer LPOO es el más puro (sólo tiene objetos, NO ES programación estructurada)

C++ [1986]

Diseñado por **Stroustrup**, es un LPOO híbrido basado en **C** y **Smalltalk**.

Objetive C [1986]

Es una extensión de **C**. Hoy está en desuso. Surge para las plataformas **NeXT** y fracasó junto a las máquinas **NeXT**.

Object Pascal [1987]

Extensión de **Pascal**, lo popularizó **Borland** con **Turbo Pascal 5.5**

Object COBOL [1992-3]

Extensión de **COBOL**, nuevo LPOO que parece haber tenido aceptación.

Delphi [1995]

Proviene de **Object Pascal**, creado por **Borland**.

CLOS

Common Lisp orientado a objetos

Eiffel

Es un lenguaje inspirado en **SIMULA** con características añadidas de **Smalltalk** y **Ada**.

Se destina a aplicaciones de bases de datos e inteligencia artificial.

Por su diseño, es bueno para la ingeniería de software.

Tema 2. Desarrollo de programas en POO

1. Introducción.
2. Las Clases.
   a. Identificación de una clase
   b. Uso de una clase
   c. Control de acceso a una clase
3. Constructores.
4. Destructores.
5. El puntero (This).
6. Herencia.
7. Sobrecarga.
   a. ¿Porqué usar la sobrecarga?
   b. Sobrecarga de funciones
8. Polimorfismo.
   a. Funciones Virtuales.

Objetivos del tema:

En este tema se dotará al alumno de los conocimientos necesarios para resolver cualquier problema a través de la Programación Dirigida a Objetos, codificando correctamente los algoritmos construidos en lenguaje C++.

1. Introducción

Los objetos se crean y eliminan durante la ejecución del programa, además interactúan con otros objetos. Los objetos son construcciones de programación que se obtienen a partir de entidades llamadas clases.

Para crear un objeto, es preciso definir primero su forma general utilizando la palabra reservada **class** (es decir hay que crearse su clase). Una class es parecida a una estructura, es un tipo definido por el usuario que determina las estructuras de datos y las operaciones asociadas con este tipo.

Las clases son como plantillas o modelos que describen como se construyen ciertos tipos de objetos, cada vez que se construye un objeto de una clase se crea una instancia de esa clase, por consiguiente; los objetos son instancias de clases.

Una clase es simplemente un modelo que se utiliza para describir uno o mas objetos del mismo tipo.

Así, por ejemplo sea una clase ventana, un tipo de dato, que contenga los miembros dato:

posx, posy

tipo_ventana

tipo_borde

color_ventana

y unas funciones miembro:

mover_horizontal

mover_vertical

Un objeto de la clase ventana, es una ventana concreta (una instancia de la clase) cuyos datos tienen por valores:

posx   x

posy   y

tipo_ventana   desplegable

tipo_borde   linea doble

color_ventana   amarillo

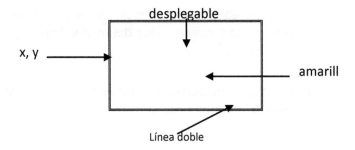

2. *Las Clases.*

Una *clase* es la evolución natural de una estructura, la existencia de clases es la característica más significativa que convierte a C++ en un lenguaje orientado a objetos. Las clases son estructuras que contienen no sólo declaraciones de datos, sino también declaraciones de funciones. Las funciones se conocen como funciones miembro, e indican qué tipos de cosas puede hacer una clase. La palabra reservada **class** introduce una declaración de clase.

Identificadores de clase.

La longitud máxima para un identificador de clase es 32 caracteres. Una convensión que se adopta en todas las clases de borland es utilizar nombres que comiencen con una letra mayúscula para denotar clases y estructuras globales.

Cuerpo de una Clase

> class Nombre_de_la_clase{
>
> datos y funciones privados
>
> .
>
> .
>
> public:

La forma general de la declaración de una clase es:

Una clase puede contener tanto partes publicas como partes privadas, por defecto, todos los elementos que se definen en la clase son privados; esto significa que no pueden acceder a ellas ninguna función que no sea miembro de la clase.

```
Class Counter{
    long count;                    // variable privada ,
variable miembro de la clase


Public:


void SetValue(long);        // Funciones públicas, funciones
miembro de la clase
    long GetValue();


};
```

La variable long count, no está disponible o no se puede usar por otras funciones que no están declaradas en la clase, por lo que tratar de hacer esto es erróneo:

void main()

```
{

    count = 3.111;

}
```

Una clase puede tener tantas variables como necesite. Estas pueden ser de cualquier tipo, incluyendo otras clases, apuntadores a objetos de clases e incluso apuntadores a objetos dinámicamente asignados.

Las funciones miembro SetValue(long) y GetValue(). Solo están declaradas dentro de la clase, la definición de estas funciones sería así:

```
void Counter::SetValue(long value)
{ count = value; }


long Counter::GetValue()
{
    return count;
}
```

Uso de una Clase

Ya que se ha definido la clase, se debe definir un objeto con ella. Las variables de una clase se definen de igual manera que como se definen las variables de tipo estructura.

Para el ejemplo de la clase anterior, si quiere declarar un objeto Gente de tipo Counter, lo podría hacer asi:

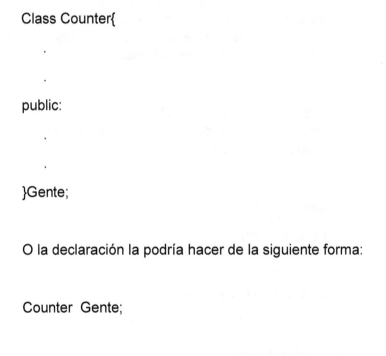

```
Class Counter{

    .

    .

public:

    .

    .

}Gente;
```

O la declaración la podría hacer de la siguiente forma:

```
Counter  Gente;
```

En algunos lenguajes orientados a objetos, Smalltalk en particular, la definición de una variable de clase se denomina *instanciación de la clase*.

Una instanciación es simplemente una instancia de una clase en la forma de una variable específica (objeto).

Las variables instanciadas a partir de clases son objetos.

El objeto Gente se podría usar así en un programa:

```
void main()
{
    Counter  Gente;              //    Declaración de un
objeto
    Gente.SetValue(1000);           //      Invocación a
función miembro de Counter
    long value = GetValue();        //      Invocación a
función miembro de Counter
}
```

La iniciación se tiene que hacer a través de sus funciones miembro, por lo que hacer lo siguiente sería un error.

```
void main()
{

    Counter  Gente;
    Gente = 1000;      // error, la variable no esta disponible
en la función main()
    long value = GetValue();
```

```
}
```

El código anterior no hace mucho, pero ilustra 2 aspectos importantes:

La declaración de un objeto dentro de una función y la invocación de funciones miembro de un objeto.

En otro ejemplo, ésta clase define un tipo llamado cola, que se utiliza para crear un objeto de tipo cola.

```
# include <iostream.h>

class cola{
    int c[100];
    int posfin, posprin;

public:
    void iniciar(void);
    void ponent(int i);
    int quitaent(void);

};
```

Cuando llega el momento de codificar realmente una función que es miembro de una clase, es preciso decir al compilador a que clase pertenece la función, calificando el nombre de la función con el nombre de la clase del cual es miembro. p.e.

```
void cola :: ponent(int i)
{
    if(posfin>=100)
        {
            printf ("la cola esta llena ");
        return;
        }
    posfin++;
    c[posfin] = i;
}
```

El :: se llama operador de resolución de ámbito; indica al compilador que la función ponent(int i) pertenece a la clase cola, o dicho de otra manera, ponent(int i) está dentro del ámbito de cola.

Para llamar a una función miembro desde una parte del programa que no sea parte de la clase, se debe utilizar el nombre del objeto y el operador punto. p.e.

Cola a, b;   // se crean 2 objetos tipo cola.

a.iniciar();   // llama a la función iniciar para el objeto a.

Consideremos el siguiente ejemplo, de un programa en C++, aunque en una aplicación real la declaración de las clases debe estar contenida en un archivo de cabecera.

```cpp
# include <iostream.h>

class cola{
    int c[100];
    int posfin, posprin;
public:
    void iniciar(void);
    void ponent(int i);
    int quitaent(void);
};



main(void)
{
    cola a, b;
    a.iniciar();
```

```
        b.iniciar();
        a.ponent(15);
        b.ponent(39);
        a.ponent(55);
        b.ponent(19);
        printf ("%d",a.quitaent() );
        printf ("%d",b.quitaent());
        printf ("%d",a.quitaent() );
        printf ("%d",b.quitaent() );
        return 0;
}

void cola::iniciar()
{
    posprin=posfin=0;
}

void cola::ponent(int i)
{
    if(posfin==0)
        {
            printf ("la cola esta llena ");
        return;
```

```
                }
            posfin++;
            c[posfin] = i;


        }
        int cola::quitaent(void)
        {
            if(posfin==posprin)
                {
                    printf ("la cola está vacía");
                    return 0;
                }
                posprin++;
                return c[posprin];
        }
```

Control de acceso a una clase.

La tarea de una clase consiste en ocultar la mayor cantidad de información posible. Por lo tanto es necesario imponer ciertas restricciones a la forma en que se puede manipular una clase. Existen 3 tipos de usuario de una clase:

1.- La clase misma.

2.- Usuarios genéricos.

3.- Clases derivadas.

Cada tipo de usuarios tiene privilegios de acceso asociados a una palabra clave:

1.- Private.

2.- Public.

3.- Protected.

Ejemplo:

```
class  controlAcceso{
    int a;
public:
    int b;
    int fi(int a);
protected:
    int c;
    float C1(float t);
```

};

Cualquier declaración que aparezca antes de cualquiera de las tres palabras clave, por default es private; así, int a; es private.

Miembros de la clase private.

Los miembros de la clase private tienen el mas estricto control de acceso. Solo la clase misma puede tener acceso a un miembro private. En este ejemplo nadie puede usar la clase ya que todo es private.

```
Class Privada{

    long valor;
    void F1();
    void F2();

};

void main()
```

```
{

    privada objeto1;            // Se crea objeto1 de clase
privada.

    long L = objeto.valor;// acceso no valido por ser private.

    objeto1.F1();               // acceso no valido por ser
private.

    objeto1.F2();               // acceso no valido por ser
private.


}
```

Para poder tener acceso necesitaría que las funciones miembro fueran declaradas en la sección public.

Miembros de la clase public:

Para utilizar un objeto de una clase, usted debe tener acceso a datos miembro, a funciones miembro o a ambos. Para hacer que algunos datos o funciones sean accesibles, se declaran en la sección public.

```
class Ej_public{
```

```
public:

      int variable;

      void función1();


};


void Ej_public::función1(){}

void main()

{


            Ej_public Objeto2;

            int i = Objeto2.variable;

            Objeto2.función1();


}
```

Cualquier cosa que se declara en la sección public, hace posible el acceso ilimitado a cualquier persona.

Miembros de la clase protected.

Cuando se define una clase que se utiliza subsiguientemente como clase de base para otras clases, se puede hacer que los miembros estén accesibles solo para funciones de las clases derivadas mediante el uso de la palabra clave protected. Considere una jerarquía de objetos como se ilustra a continuación:

```
class A{

Protected:

        int valor_A;

};


class B:A{

public:

        void funB();

};


class C:B{

public:

        void funC();

};
```

La propiedad de ser protected se extiende indefinidamente hacia abajo en un árbol de herencia, en tanto que se declare que las clases derivadas tengan clases de base public. Por ejemplo el código siguiente es aceptable.

```
void funB()

{

    valor_A = 0;

}


void funC()

{

    valor_A = 1000;

}
```

El gráfico siguiente refleja las posibilidades de acceso de los usuarios a cada uno de los tipos de datos definidos dentro de una clase

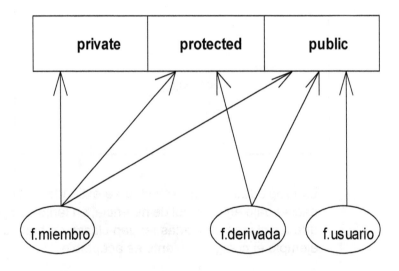

3. Constructores

Un constructor es una función especial que es miembro de esa clase y que tiene el mismo nombre de la clase.

Es muy frecuente que una cierta parte de un objeto necesite una iniciación antes de que pueda ser utilizada; como el requisito de iniciación es tan frecuente C++ permite que los objetos se den a sí mismos valores iniciales cuando se crean. Esta iniciación automáticamente se lleva a cabo mediante el uso de una función de construcción o constructor.

Características

i   Tienen en mismo nombre que la clase

i   No devuelven valores

i   Pueden tener parámetros (y valores por defecto)

i   Pueden ser definidos en linea o normalmente

i   Pueden existir más de un constructor para una clase

Cuando declaramos un objeto de una clase, el constructor es invocado automáticamente.

Si no definimos uno, el compilador pone el suyo por defecto.

```
class circulo {
    float x_centro, y_centro;
    float radio;
public:
    circulo(float x, float y, float r)
    { x_centro = x; y_centro = y; radio = r }
};

circulo c;                          //error faltan parámetros
circulo c(2, 3, 1.5);  //OK!
circulo c = circulo(2, 3, 1.5);//OK!


class fecha {
    int dia, mes, año;
public:
    fecha(int, int, int);       //dados dia, mes, año
    fecha(int d, int m);        //dados dia y mes
    fecha(int d);                   //dado el dia
    fecha();                        // sin parámetros
};

class fecha {
    int dia, mes, año;
public:
    fecha(int d = 1, int m = 1, int a = 1996);
};

fecha primer_dia_del_año;
fecha examen_c_mas_mas(20, 4);
fecha segundo_dia_del_año(2);
fecha hoy(19, 4, 1996);
```

4. Destructores

Miembro de la clase que libera la mempria asociada al objeto de la clase. Se invocan implícitamente cuando acaba el ámbito del objeto. Pueden ser invocados explícitamente con el operador **delete**. No tienen sentido si no hay memoria dinámica en el objeto.

Características

i   Tienen en <u>mismo nombre</u> que la clase precedido de tilde "~"

i   <u>No devuelven</u> valores

i   No pueden tener parámetros

i   Pueden ser definidos <u>en linea</u> o normalmente

i   En una clase puede existir <u>como máximo un destructor</u>.

```
class pila_char {
    int tam;
    char *pila;
    char *cima;
public:
    pila_char(int t)
    { cima = pila = new char[tam = t]; }

    ~pila_char()
    { delete []pila; }

    void meter(char c) { *cima++ = c; }
    char sacar()             { return *--cima; }
};

void f()
{
    pila_char p(3);
}
//aquí se invoca el destructor de la pila
```

```
void g()
{
    pila_char p(3);
    //...
    delete p;
    // aquí se invoca el destructor de la pila
}
```

5. Autoreferencia (puntero "this")

```
class ejemplo {
    int n;
public:
    int leer() { return n; }
};
```

Toda función miembro de una clase C++ recibe un argumento implícito: un puntero al objeto que la invoca.

ejemplo * **const** <u>this</u>; //así sería la declaración

Const ahí hace que se pueda modificar el contenido apuntado pero no la dirección.

Ejemplos de uso:

int leer() { **return this**->n; }

```
void X::g(X &a, X &b)
{
    a = *this;
```

```
    *this = b;
}
```

this	puntero al objeto
*this	contenido del objeto
this->miembro	acceso a miembro

Una función amiga no tiene puntero **this**.

```
class doble_enlace {
    //..
    doble_enlace *prev;
    doble_enlace *sig;
public:
    void anexar(doble_enlace *);
};

void doble_enlace::anexar(doble_enlace *p)
{
    p->sig = sig;
    p->prev = this;
    sig->prev = p;
    sig = p;
}
```

6. Herencia

La herencia es uno de los rasgos fundamentales de un lenguaje de programación orientado a objetos. En C++, la herencia se basa en permitir que una clase contenga a otra clase en su declaración; supongamos una clase Figura:

```
Class Figura{

    .

    .

public:

    .

    .

};
```

Una clase derivada Figura_Circulo se declara así.

```
Class Figura_Circulo:public Figura
{
public:

    .

private:
double x_centro, y_centr;
double radio;
};
```

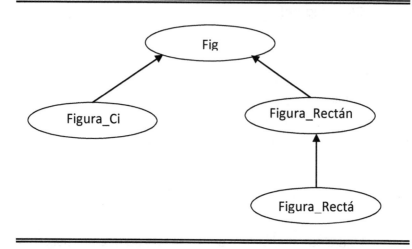

La declaración general de la herencia es la que se muestra a continuación:

```
Class Nombre_de_la_clase_nueva : acceso
clase_heredada{

    .

    .

};
```

Aquí *acceso* es opcional, sin embargo, si está presente tiene que ser *public*, private o protected.

El uso de *public* significa que todos los elementos *public* del antecesor también serán *public* para la clase que lo hereda.

El siguiente ejemplo muestra 2 clases donde la segunda de ellas hereda las propiedades de la primera.

```
class Box{

public:

    int width, height;
    void SetWidth(int w) { width = w; }
    void SetHeight(int h) { height = h; }

};


class ColoredBox:public Box{

public:

    int color;
    void Setcolor(int c) { color = c; }
```

};

La clase Box recibe el nombre de clase base de la clase ColoredBox. Que a su vez recibe el nombre de clase derivada. La clase Colored Box se declara solo con una función, pero también hereda 2 funciones y 2 variables de su clase base. Así, se puede crear el código siguiente:

```
ColoredBox  Cb;                    // se crea una
instancia de ColoredBox
void main()
{

    Cb.Setcolor(5);         //    función miembro de
ColoredBox.
    Cb.SetWidth(30);        //  función heredada.
    Cb.setHeight(50);       //  función heredada.

}
```

Observe como las funciones heredadas se utilizan exactamente como si fueran miembro.

6.1. Limitaciones de la herencia.

Cómo y cuándo se deriva una clase de otra es puramente decisión del programador. Esto puede parecer obvio, pero es una limitación. El diseñador de un programa debe decidir al momento de la compilación quien hereda qué, de quién, cómo y cuándo se lleva a cabo la herencia.

6.2. Qué no se puede heredar

Tal y como en la vida real, en C++ no todo se puede transmitir a través de la herencia. Esto se puede considerar en un principio como una desventaja o limitación, pero en realidad solo algunos casos especiales inconsistentes por definición con la herencia:

1.- Constructores.

2.- Destructores.

3.- Nuevos operadores definidos por el usuario.

4.- Relaciones *friend*.

El constructor de una clase de base no puede ser invocado de manera explícita en una clase derivada como otras funciones heredadas. Considere el código siguiente:

```
class Parent{
    int value;
```

```
        public:

            Parent(){ value = 0; }

            Parent(int v){ value = 0; }


        };

        class Child:public Parent{

            int total;

        public:

            Child(int t)  { total = t; }

            void  SetTotal(int t);

        };


        void Child::SetTotal(int t)

        {

            Parent::Parent(i);          // Esto no se puede
        hacer, ya que el constructor de la

                // clase no es heredado como otras funciones.

            Total = t;

        }
```

De manera análoga, los destructores están diseñados para ser invocados automáticamente cuando un objeto sale del campo de acción.

La relación *friend* no es heredada. Esto es similar a la vida real; los amigos de sus padres no son automáticamente amigos suyos.

6.3   Herencia múltiple.

Una clase puede heredar los atributos de dos o más clases. Para lograr esto, se utiliza una lista de herencia separada mediante comas en la lista de clases base de la clase derivada. La forma General es:

Class Nombre_clase_derivada : lista de clases base {

.

.

.

};

Por ejemplo en este programa Z hereda tanto a X como a Y.

include <iostream.h>

```
class X{

protected:
    int a;

public:
    void hacer_a(int i);
};


class Y{

protected:
    int b;
public:
    void hacer_b(int i);
};


// Z hereda tanto a X como a Y

class Z : public X, public Y {

public:
    hacer_ab(void);
```

```
};


void X::hacer_a(int i)
{
    a = i;
}

void Y::hacer_b(int i)
{
    b = i;
}

int Z::hacer_ab(void)
{
    return a*b;
}


main(void)
{
    Z var;
    var.hacer_a(10);
```

```
var.hacer_b(25);

cout << var.hacer_ab();

return 0;


}
```

En este ejemplo, Z tiene acceso a las partes public y protected tanto de X como de Y.

Remarcando, una clase puede tener muchos padres y heredar propiedades de cada una de sus clases base. Considere crear una clase MesaRedonda, que no solo tenga las propiedades de las mesas, sino también la característica geométrica de ser redonda.

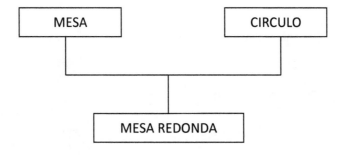

```
#include <stdio.h>
```

```
class Circle{

    float radio;
public:
    Circle(float r){ radio = r; }
    Float Area(){ return radio*radio*3.1416; }
};

class Mesa{
    float height;
public:
    Mesa(float h) { height = h; }
        float  Height() { return height; }
};

class MesaRedonda:public Mesa, public Circle{
    int color;
public:
    MesaRedonda(float h, float r, int c);
    int Color() { return color; }
};
```

```
MesaRedonda::MesaRedonda(float  h,  float  r,  int  c):
Circle(r),Mesa(h)
{
    color = c;
}




void main()
{
    MesaRedonda Mesa1(15.0, 3.0, 5);
    printf("\n Las propiedades de la Mesa son:");
    printf("\n Altura = %f ", Mesa.Height());
    printf("\n Area = %f ", Mesa.Area());
    printf("\n Color = %d ", Mesa.Color());


}
```

La función main() invoca las tres funciones miembro MesaRedonda::Height(), MesaRedonda::Area() y MesaRedonda::Color(). Todo sin indicar cuales son funciones heredadas y cuales no.

7. Sobrecarga

Una de las maneras que tiene el C++ de llegar al polimorfismo es a través de la sobrecarga de funciones. En C++ , dos o mas funciones pueden compartir un nombre, siempre y cuando en la declaración, sus parámetros sean diferentes.

Sobrecarga se refiere a la práctica de cargar una función con más de un significado. Básicamente, el término expresa que se cargan uno o más identificadores de función sobre un identificador previo.

7.1. ¿Por qué usar la sobrecarga?

La sobrecarga no es un concepto nuevo en los lenguajes de programación, por ejemplo el operador = está sobrecargado en muchos lenguajes de alto nivel y se utilizan en instrucciones de asignación y en expresiones condicionales como:

a = b;

if(a = b)

La sobrecarga otorga flexibilidad, permite a las personas utilizar código con menos esfuerzo, ya que extiende operaciones que son conceptualmente similares en naturaleza.

7.2. Sobrecarga de funciones

Las funciones sobrecargadas se distinguen por el número y tipo de sus argumentos.

El tipo de retorno no se utiliza para distinguir funciones sobrecargadas, por lo tanto las funciones:

```
void Muestra(int q);

long Muestra(int q);
```

No son distinguibles y producen un error del compilador.

Cualquier nombre de función puede ser sobrecargada en C++, pero la sobrecarga solo funciona dentro de un campo de acción dado.

Cuando se declara en una clase más de una función miembro con el mismo nombre, se dice que el nombre de la función está sobrecargado en esa clase, y su campo de acción será en el ámbito de esa clase.

```
class Ejemplo{
```

```
        int value;

    public:

        void value(int v) { value = v; }
        int value() { return value; }

    };

    void main()
    {

        Ejemplo Ee;
        Ee.value(3);
        Int i = Ee.value();

    }
```

Este código demuestra que la clase Ejemplo tiene 2 funciones sobrecargadas: una función para escribir y una para leer una variable.

Las funciones sobrecargadas necesitan diferir en una u otra o en las dos formas siguientes:

1.- Las funciones deben contener un número de argumentos diferente.

2.- Cuando menos uno de los argumentos debe ser diferente.

Considere el siguiente programa en el cual la función al_cuadrado se sobrecarga 3 veces.

```
# include<iostream.h>

int al_cuadrado(int i);
double al_cuadrado(double d);
long al_cuadrado(long l);

main(void)
{
    cout << al_cuadrado(10)    <<" \n";
    cout << al_cuadrado(1.25) <<" \n";
    cout << al_cuadrado(9L)    <<" \n";
```

```
            return 0;

        }


        int al_cuadrado(int i)

        {

        cout<<" función al_cuadrado con parámetro entero"

            return i*i;

        }


        double al_cuadrado(double d)

        {

        cout<<" función al_cuadrado con parámetro doble"

            return d*d;

        }



        long al_cuadrado(long l)

        {

        cout<<" función al_cuadrado con parámetro largo"

            return l*l;
```

}

La ventaja de sobrecargar las funciones es que permite acceder a conjuntos de funciones que están relacionadas utilizando un solo nombre. En el programa anterior se crean 3 funciones similares que se llaman, al_cuadrado(), y cada una de las cuales regresa el cuadrado de su argumento; en cierto sentido, la sobrecarga de funciones permite crear un nombre genérico para alguna operación, y el compilador resuelve que función es la adecuada para llevar a cabo la operación.

Así, al_cuadrado(), representa la acción general que se realiza; el programador solo necesita recordar la acción general que se lleva a cabo, por lo tanto al aplicar el polimorfismo se han reducido a una las 3 cosas que había que recordar. Aunque este ejemplo es bastante trivial, si expande el concepto se puede ver que el polimorfismo puede ayudarnos a entender programas muy complejos.

Para sobrecargar la función de construcción de una clase, solo hay que declarar las diferentes formas que tiene que adoptar y hay que definir su acción con respecto a esas formas. Por ejemplo el programa siguiente declara una clase llamada temporizador, que se comporta como un temporizador descendente. Cuando se crea un objeto del tipo temporizador, se le da un valor inicial de la hora. Cuando se invoca a la función ejecutar(), el temporizador cuenta hasta llegar a cero, y hace sonar el timbre. En ese ejemplo, se ha sobrecargado el constructor para especificar la hora como un entero, como una cadena, o como dos enteros que especifican los minutos y los segundos.

```
# include <iostream.h>

# include <stdlib.h>

# include <time.h>


class temporizador{
    int segundos;
public:
                // Se especifican los segundos
como una cadena.
        temporizador(char *t) {segundos = atoi(t);}
        // Se especifican los segundos como un entero
        temporizador(int t) {segundos = t;}
        // Se especifica la hora en minutos y segundos
        temporizador(int min, int seg) {segundos =  min* 60
+ seg; }
    void ejecutar(void);
};



void temporizador::ejecutar(void)
{
    clock_t t1, t2;
```

```
        t1 = t2 = clock()/CLK_TCK;

            while(segundos) {

                if(t1/CLK_TCK+1 <= (t2=clock()) /CLK_TCK){

                segundos --;

                t1 = t2;

                }

                }

            cout << "\a";        // toca el timbre

        }



        main(void)

        {

            temporizador a(10), b("20"), c(1, 10);

            a.ejecutar();    // cuenta 10 segundos

            b.ejecutar();    // cuenta 20 segundos

            c.ejecutar();    //cuenta 1 minuto, 10 segundos


            return 0;

        }
```

Como se puede ver, cuando a, b, y c se crean dentro de main(), se les dan valores iniciales utilizando los tres métodos diferentes que admiten las funciones de construcción sobrecargadas.

8. Polimorfismo

El origen del término polimorfismo es simple: proviene de las palabras griegas *poly* (muchos) y *morphos* (forma) multiforme. El polimorfismo describe la capacidad del código C++ de comportarse de diferentes maneras dependiendo de situaciones que se presenten al momento de la ejecución.

El concepto de polimorfismo es crucial para la programación orientada a objetos. En su concepción relativa a C++, el término polimorfismo se utiliza para describir el proceso mediante el cual se puede acceder a diferentes implementaciones de una función utilizando el mismo nombre. Por esta razón el polimorfismo se define a veces mediante la frase "una interface métodos múltiples". Esto significa que en general se puede acceder a toda una clase de operaciones de la misma manera, aunque las acciones concretas que estén asociadas a cada una de las operaciones pueda ser diferente.

En C++, el polimorfismo se admite tanto en el momento de la ejecución como en el momento de la compilación. La sobrecarga de operadores y de funciones es un ejemplo de polimorfismo en el momento de la compilación. Sin embargo, aunque la sobrecarga de operadores y de funciones son muy potentes, no pueden llevar a cabo todas las tareas que requiere un verdadero lenguaje orientado a objetos. Por tanto, C++ permite también el polimorfismo en el momento de la ejecución mediante el uso de clases derivadas y de funciones virtuales.

8.1. Funciones Virtuales.

El polimorfismo en el momento de la ejecución se consigue mediante el uso de tipos derivados y funciones virtuales. En pocas palabras, una función virtual es una función que se declara como virtual en una clase base y que se define en una o más clases derivadas.

Lo que hace especiales a las funciones *virtual* es que cuando se accede a una de ellas utilizando un puntero de clase base señala a un objeto de clase derivada, C++ determina qué función debe llamar en el momento de la ejecución, basándose en el tipo del objeto al cual apunta. Por tanto, si apunta a diferentes objetos, se ejecutan versiones diferentes de la función *virtual*.

Como ejemplo examine el siguiente código:

```
#include<iostream.h>
```

```
class Base {
public:
```

```
        virtual void quien()  { cout << "Base \n"; }
};


class primera_deriv : public Base {
public:
    void quien() { cout << " Primera derivación \n"; }
};



class seguna_deriv : public Base {
public:
    void quien() { cout << " Segunda derivación \n"; }
};



main(void)
{
        Base obj_base;
        Base *p;
        Primera_deriv   obj_primera;
        Segunda_deriv  obj_segunda;
        p = &obj_base;
        p->quien();
```

```
        p = &obj_primera;

        p->quien();

        p = &obj_segunda;

        p->quien();

        return 0;

}
```

El programa produce la siguiente salida.

Base

Primera derivación

Segunda derivación.

La clave de la utilización de funciones virtual para lograr el polimorfismo en el momento de la ejecución es que se debe acceder a esas funciones mediante el uso de un puntero declarado como puntero de la clase base.

Parte de la clave para aplicar con éxito el polimorfismo consiste en comprender que la base y las clase derivadas forman una jerarquía, que va desde la mayor generalización a la menor. Por tanto la clase base cuando se utiliza correctamente, proporciona todos los elementos que puede utilizar directamente una clase derivada, mas aquellas funciones que la clase derivada debe implementar por sí misma. Sin embargo dado que la forma de la interface está determinada por la clase base todas las clases derivadas van a compartir esa interface .

El código siguiente utiliza la clase figura para derivar dos clase concretas llamadas cuadro y triángulo.

```
#include<iostream.h>

class Figura{
protected:
        double x, y:
public:
     void pon_dim(double I, double j) { x = I; y = j; }
     virtual void mostrar_area() { cout << "función no
implementada \n";}
};

class triángulo : public Figura {
public:
     void mostrar_area() { cout<<"Triangulo de altura   " << x
<<" y base "
```

```
                << y  << " y área " x * y * 0.5; }
};


class cuadrado : public Figura {
public:
    void mostrar_area() { cout << "Cuadrado de lado " << x
<<" por " << y
                                << "área = " << x * y <<"\n";
}
};



main (void )
{
    Figura *p;
    triangulo trian;
    cuadrado cuad;
        p = &trian;
        p->pon_dim(10.0, 5.0);
        p->mostrar_area();
        p = &cuad;
        p->pon_dim(10.0, 5.0);
        p->mostrar_area();
        return 0;
```

```
}
```

Como se puede ver al examinar este programa, la interface de cuadrado y de triángulo es la misma, aunque cada uno de ellos proporcione sus propios métodos para calcular el área de cada uno de sus objetos.

IV El lenguaje JavaScript

Fundamentos de la programación aplicados a JavaScript

1. INTRODUCCIÓN

El lenguaje JavaScript, a pesar de su nombre no tiene casi nada que ver con Java. Tiene una sintaxis muy similar, pero no es orientado a objetos, no es necesario definir los tipos de las variables, es interpretado, y, en general, es mucho menos potente que Java.

Su objetivo es tener un lenguaje que se ejecute en el cliente web (normalmente el navegador) y que permita dotar de elementos dinámicos a la web. Esto hace que su funcionalidad esté bastante limitada, de forma que sea muy difícil que un script dañe o obtenga información de nuestro equipo. Esto es muy importante ya que muchas veces los scripts de JavaScript se descargan y ejecutan sin aviso (depende de la configuración del navegador web). Sin embargo, estas limitaciones pueden sobrepasarse si se utilizan scripts firmados digitalmente.

Como todos los lenguajes vistos hasta ahora que se ejecutan en el cliente, aunque existe un estándar, cada navegador implementa su propia versión del estándar, por lo que nos podemos encontrar con sentencias JavaScript que funcionan en unos navegadores y en otros no.

Javascript es un lenguaje de programación utilizado para crear pequeños programitas encargados de realizar acciones dentro del ámbito de una página web. Con Javascript podemos crear efectos especiales en las páginas y definir interactividades con el usuario. El navegador del cliente es el encargado de interpretar las instrucciones Javascript y ejecutarlas para realizar estos efectos e interactividades, de modo que el mayor recurso, y tal vez el único, con que cuenta este lenguaje es el propio navegador.

Javascript es el siguiente paso, después del HTML, que puede dar un programador de la web que decida mejorar sus páginas y la potencia de sus proyectos. Es un lenguaje de programación bastante sencillo y pensado para hacer las cosas con rapidez, a veces con ligereza. Incluso las personas que no tengan una experiencia previa en la programación podrán aprender este lenguaje con facilidad y utilizarlo en toda su potencia con sólo un poco de práctica.

Entre las acciones típicas que se pueden realizar en Javascript tenemos dos vertientes. Por un lado los efectos especiales sobre páginas web, para crear contenidos dinámicos y elementos de la página que tengan movimiento, cambien de color o cualquier otro dinamismo. Por el otro, javascript nos permite ejecutar instrucciones como respuesta a las acciones del usuario, con lo que podemos crear páginas interactivas con programas como calculadoras, agendas, o tablas de cálculo.

Javascript es un lenguaje con muchas posibilidades, permite la programación de pequeños scripts, pero también de programas más grandes, orientados a objetos, con funciones, estructuras de datos complejas, etc. Toda esta potencia de Javascript se pone a disposición del programador, que se convierte en el verdadero dueño y controlador de cada cosa que ocurre en la página.

1.1. DIFERENCIAS ENTRE JAVA Y JAVASCRIPT

Queremos que quede claro que Javascript no tiene nada que ver con Java, salvo en sus orígenes. Actualmente son productos totalmente distintos y no guardan entre si más relación que la sintaxis idéntica y poco más. Algunas diferencias entre estos dos lenguajes son las siguientes:

Compilador. Para programar en Java necesitamos un Kit de desarrollo y un compilador. Sin embargo, Javascript no es un lenguaje que necesite que sus programas se compilen, sino que éstos se interpretan por parte del navegador cuando éste lee la página.

Orientado a objetos. Java es un lenguaje de programación orientado a objetos. (Más tarde veremos qué quiere decir orientado a objetos, para el que no lo sepa todavía) Javascript no es orientado a objetos, esto quiere decir que podremos programar sin necesidad de crear clases, tal como se realiza en los lenguajes de programación estructurada como C o Pascal.

Propósito. Java es mucho más potente que Javascript, esto es debido a que Java es un lenguaje de propósito general, con el que se pueden hacer aplicaciones de lo más variado, sin embargo, con Javascript sólo podemos escribir programas para que se ejecuten en páginas web.

Estructuras fuertes. Java es un lenguaje de programación fuertemente tipado, esto quiere decir que al declarar una variable tendremos que indicar su tipo y no podrá cambiar de un tipo a otro automáticamente. Por su parte Javascript no tiene esta característica, y podemos meter en una variable la información que deseemos, independientemente del tipo de ésta. Además, podremos cambiar el tipo de información de una varible cuando queramos.

Otras características. Como vemos Java es mucho más complejo, aunque también más potente, robusto y seguro. Tiene más funcionalidades que Javascript y las diferencias que los separan son lo suficientemente importantes como para distinguirlos fácilmente.

1.2. INCLUIR FICHEROS EXTERNOS DE JAVASCRIPT

Otra manera de incluir scripts en páginas web, implementada a partir de Javascript 1.1, es incluir archivos externos donde se pueden colocar muchas funciones que se utilicen en la página. Los ficheros suelen tener extendión .js y se incluyen de esta manera.

```
<SCRIPT language=javascript src="archivo_externo.js"> //estoy
incluyendo el fichero "archivo_externo.js" </SCRIPT>
```

Dentro de las etiquetas <SCRIPT> se puede escribir cualquier texto y será ignorado por el navegador, sin embargo, los navegadores que no entienden el atributo SRC tendrán a este texto por instrucciones, por lo que es aconsejable poner un comentario Javascript antes de cada línea con el objetivo de que no respondan con un error.

El archivo que incluimos (en este caso archivo_externo.js) debe contener tan solo sentencias Javascript. No debemos incluir código HTML de ningún tipo, ni tan siquiera las etiquetas </SCRIPT> y </SCRIPT>.

Vistos estos otros usos interesantes que existen en Javascript y que debemos conocer para poder aprovechar las posibilidades de la tecnología, debemos haber aprendido todo lo esencial para empezar a hacer cosas más importantes. Así que en el próximo artículo empezaremos a repasar la sintaxis del lenguaje Javascript.

2. SINTAXIS BÁSICA

En este primer apartado veremos la sintaxis básica del lenguaje, de forma que, con los conocimientos de programación que disponemos, seamos capaces de desarrollar funcionalidad para nuestras webs en JavaScript.

2.1. MANERAS DE EJECUTAR UN JAVASCRIPT

Existen dos maneras básicas de ejecutar scripts Javascript en una página: al cargar la página o como respuesta a acciones del usuario.

Hasta ahora en el Manual de Javascript ya hemos tenido la ocasión de probar algunos scripts sencillos, no obstante, todavía tenemos que aprender una de las bases para poder trabajar con el lenguaje y es aprender las dos maneras de ejecutar código Javascript. Existen dos maneras fundamentales de ejecutar scripts en la página. La primera de estas maneras se trata de ejecución directa de scripts, la segunda es una ejecución como respuesta a la acción de un usuario.

Explicaremos ahora cada una de estas formas de ejecución disponibles, pero para el que lo desee, recomendamos también ver el vídeo sobre Maneras de incluir y ejecutar scripts.

2.1.1. Ejecución directa

Es el método de ejecutar scripts más básico. En este caso se incluyen las instrucciones dentro de la etiqueta <SCRIPT>, tal como hemos comentado anteriormente. Cuando el navegador lee la página y encuentra un script va interpretando las líneas de código y las va ejecutando una después de otra. Llamamos a esta manera ejecución directa pues cuando se lee la página se ejecutan directamente los scripts.

Este método será el que utilicemos preferentemente en la mayoría de los ejemplos de esta parte del Manual de Javascript . En la segunda parte del Manual de Javascript podremos aprender muchas cosas y entre ellas veremos con detalle el segundo modo de ejecución de scripts que vamos a relatar a continuación.

2.1.2.- Respuesta a un evento

Es la otra manera de ejecutar scripts, pero antes de verla debemos hablar sobre los eventos. Los eventos son acciones que realiza el usuario. Los programas como Javascript están preparados para atrapar determinadas acciones realizadas, en este caso sobre la página, y realizar acciones como respuesta. De este modo se pueden realizar programas interactivos, ya que controlamos los movimientos del usuario y respondemos a ellos. Existen muchos tipos de eventos distintos, por ejemplo la pulsación de un botón, el movimiento del ratón o la selección de texto de la página.

Las acciones que queremos realizar como respuesta a un evento se han de indicar dentro del mismo código HTML, pero en este caso se indican en atributos HTML que se colocan dentro de la etiqueta que queremos que responda a las acciones del usuario. En el capítulo donde vimos algún ejemplo rápido ya comprobamos que si queríamos que un botón realizase acciones cuando se pulsase sobre el, debíamos indicarlas dentro del atributo onclick del botón.

Comprobamos pues que se puede introducir código Javascript dentro de determinados atributos de las etiquetas HTML. Veremos más adelante este tipo de ejecución en profundidad y los tipos de eventos que existen. Pero para llegar a ello aun tenemos que aprender muchas otras cosas de Javascript. En el próximo artículo mostraremos cómo podemos ocultar el código Javascript para navegadores antiguos.

2.2. INCLUIR JAVASCRIPT EN HTML

Cuando el código del script es pequeño se puede incluir el código JavaScript en el mismo fichero que el código HTML. Para ello se dispone de la etiqueta <script> de HTML:

```
<html>
        <head>
                <title>Hola Mundo</title>
                <script
                        type="text/j
                        avascript">
                        alert("Hola
                        Mundo!!!!");
                </script>
        </head>
        <body>
                <p>Ejemplo JavaScript.</p>
```

```
            </body>
        </html>
```

Si el código tiene muchas líneas, es mejor incluirlo en un fichero aparte y linkar el fichero JavaScript con el HTML. Los ficheros que contienen código JavaScript tienen la extensión js. Para el caso anterior tendríamos un fichero de JavaScript, por ejemplo llamado hola.js:

alert("Hola Mundo!!!!");

Y el enlace desde HTML:

```
    <html>
        <head>
            <title>Hola Mundo</title>
            <script type="text/javascript"
            src="hola.js"></script>
        </head>
        <body>
            <p> Ejemplo JavaScript.</p>
        </body>
    </html>
```

Por último, HTML incluye la etiqueta <noscript> para incluir el código HTML necesario en caso de que la ejecución de código JavaScript está deshabilitada en el navegador. Si modificamos el ejemplo anterior:

```
    <html>
        <head>
            <title>Hola Mundo</title>
            <script type="text/javascript" src="hola.js"></script>
        </head>
        <body>
            <noscript>
```

```
                    <h2>JavaScript
            deshabilitado!!!</h2> </noscript>
            <p> Ejemplo JavaScript.</p>
        </body>
    </html>
```

2.3. COMENTARIOS

JavaScript permite los comentarios de Java en una línea con // y de varias líneas con /* ... */. En el ejemplo anterior:

```
<html>
        <head>
            <title>Hola
            Mundo</title>
            <script
            type="text/javascr
            ipt">
                    // Mensaje en
                    una ventana
                    alert("Hola
                    Mundo!!!!");
                    /* Final del
                        script
                        incluido en
                        la página */
            </script>
        </head>
        <body>
            <p>Ejemplo JavaScript.</p>
        </body>
    </html>
```

Por supuesto, estos comentarios no se muestran por pantalla.

2.4. VARIABLES Y OPERADORES

La característica más interesante de las variables en JavaScript es que no es necesario declararlas, es decir, podemos utilizar variables no declaradas: JavaScript creará una variable global para almacenar el valor correspondiente. Si se desea declarar una variable, algo muy recomendable, debemos utilizar la palabra reservada var. Como podemos observar, no tampoco se declara el tipo de dato que va a almacenar la variable.

Los nombres de las variables sólo pueden estar formados por números, letras, el $ y el _. Además, el primer carácter no puede ser un número.

El tipo de variable se asigna al asignarle un valor. Como diferencia respecto a Java, las cadenas de caracteres pueden estar delimitadas por comillas dobles o simples. Como similitudes con Java cabe señalar que las cadenas se pueden concatenar con el operador + y que admiten caracteres como el retorno de carro (\n).

Por último, cabe destacar que las variables que no se declaren dentro de una función (lo veremos un poco más adelante) son globales y pueden accederse desde cualquier parte del código. Por lo tanto, debemos tener cuidado y declarar fuera de las funciones sólo las variables que consideremos deben ser globales (normalmente las menos posibles).

Un ejemplo de uso de variables:

```
<html>
        <head>
                <title>Hola
                Mundo</title>
                <script
```

```
                        type="text/javascr
                        ipt">
                                var num = 3.1416;
                                var cad = "Valor de PI
                                = "; alert("Hola
                                Mundo!!!!\n"+cad+num
                                );
                        </script>
                </head>
        </html>
```

JavaScript también permite el uso de arrays, pero como es un lenguaje con una comprobación de tipos débil, un array puede almacenar elementos de distinto tipo. Los arrays pueden definirse con un contenido ya definido:

var valores = [33, 3.1234, "Pepe", 'Juan']

O pueden crearse de forma dinámica. En JavaScript, al igual que en Java, el tipo array es una clase, aunque es un poco distinta:

```
var valores = new Array(4);
valores[0] = 33;
valores[1] = 3.1234;
valores[2] = "Pepe";
valores[3] = 'Juan';
```

Por ejemplo:

```
        <html>
                <head>
                        <title>Hola
                        Mundo</title>
                        <script
```

```
                              type="text/javascr
                              ipt">
                                    var valores1 = [ 33, 3.1234,
                                    "Pepe", 'Juan' ] var valores2 =
                                    new Array(4);
                                    valores2
                                    [0] = 33;
                                    valores2
                                    [1] =
                                    3.1234;
                                    valores2
                                    [2] =
                                    "Pepe";
                                    valores2
                                    [3] =
                                    'Juan';
                                    alert(valores2[3]+valores1[1]+
                                              valores1[0]+valores2[2]);
                        </script>
                  </head>
            </html>
```

También existen variables booleanas cuyos posibles valores son true y false:

var valor = true;

En cuanto a los operadores, estos son idénticos a los operadores del lenguaje Java.

2.4.1. AMBITO DE LAS VARIABLES.

El ámbito de las variables es uno de los conceptos más importantes que deberemos conocer cuando trabajamos con variables, no sólo en Javascript, sino en la mayoría de los lenguajes de programación.

En el artículo anterior ya comenzamos a explicar qué son las variables y cómo declararlas. En este artículo del Manual de Javascript pretendemos explicar con detenimiento qué es este ámbito de las variables y ofrecer ejemplos para que se pueda entender bien.

2.4.2. CONCETO DE AMBITO DE VARIABLES

Se le llama ámbito de las variables al lugar donde estas están disponibles. Por lo general, cuando declaramos una variable hacemos que esté disponible en el lugar donde se ha declarado, esto ocurre en todos los lenguajes de programación y como Javascript se define dentro de una página web, las variables que declaremos en la página estarán accesibles dentro de ella.

En Javascript no podremos acceder a variables que hayan sido definidas en otra página. Por tanto, la propia página donde se define es el ámbito más habitual de una variable y le llamaremos a este tipo de variables globales a la página. Veremos también se pueden hacer variables con ámbitos distintos del global, es decir, variables que declararemos y tendrán validez en lugares más acotados.

2.4.3. VARIABLES GLOBALES

Como hemos dicho, las variables globales son las que están declaradas en el ámbito más amplio posible, que en Javascript es una página web. Para declarar una variable global a la página simplemente lo haremos en un script, con la palabra var.

```
<SCRIPT>
var variableGlobal </SCRIPT>
```

Las variables globales son accesibles desde cualquier lugar de la página, es decir, desde el script donde se han declarado y todos los demás scripts de la página, incluidos los manejadores de eventos, como el onclick, que ya vimos que se podía incluir dentro de determinadas etiquetas HTML.

2.4.4. VARIABLES LOCALES

También podremos declarar variables en lugares más acotados, como por ejemplo una función. A estas variables les llamaremos locales. Cuando se declaren variables locales sólo podremos acceder a ellas dentro del lugar donde se ha declarado, es decir, si la habíamos declarado en una función solo podremos acceder a ella cuando estemos en esa función.

Las variables pueden ser locales a una función, pero también pueden ser locales a otros ámbitos, como por ejemplo un bucle. En general, son ámbitos locales cualquier lugar acotado por llaves.

```
<SCRIPT>
function miFuncion (){ var variableLocal
}
</SCRIPT>
```

En el script anterior hemos declarado una variable dentro de una función, por lo que esa variable sólo tendrá validez dentro de la función. Se pueden ver cómo se utilizan las llaves para acotar el lugar donde está definida esa función o su ámbito.

No hay problema en declarar una variable local con el mismo nombre que una global, en este caso la variable global será visible desde toda la página, excepto en el ámbito donde está declarada la variable local ya que en este sitio ese nombre de variable está ocupado por la local y es ella quien tiene validez. En resumen, la variable que tendrá validez en cualquier sitio de la página es la global. Menos en el ámbito donde está declarada la variable local, que será ella quien tenga validez.

2.5. CONTROL DE FLUJO

Las estructuras de control de flujo determinan el flujo de ejecución del programa. Existen dos tipos: condicionales e iterativas.

La estructura de control de flujo más popular es el if-else. El funcionamiento es idéntico, por ejemplo, al if-else de Java. Un ejemplo de su funcionamiento puede ser este:

```html
<html>
    <head>
        <title>Hola Mundo</title> <script type="text/javascript">
            var nombre = "";
            if(nombre == "") {
                    alert("No identificado");
            } else {
                    alert("Hola "+nombre);
            }
        </script>
    </head>
</html>
```

Evidentemente, la condición del if puede complicarse todo lo que necesitemos utilizando operadores lógicos.

También existen las sentencias switch, cuya sintaxis es igual al switch de Java.

En cuanto a las estructuras de control de flujo iterativas, la más popular es el bucle for. En este caso también el funcionamiento y la sintaxis es igual a la de Java.

Por ejemplo:

```html
<html>
    <head>
        <title>Hola Mundo</title>
        <script type="text/javascript">
```

```
                        var dias = ["Lunes", "Martes", "Miércoles",
                                        "Jueves", "Viernes",
                                        "Sábado", "Domingo"];
                for(var i=0; i<7; i++) {
                        alert(dias[i]);
                }
        </script>
    </head>
</html>
```

Una modificación muy útil del bucle for es el llamado for-in. Es muy útil para recorrer arrays. El código anterior puede escribirse de esta forma:

```
<html>
    <head>
            <title>Hola Mundo</title> <script type="text/javascript">
                var dias = ["Lunes", "Martes", "Miércoles",
                                    "Jueves", "Viernes",
                                    "Sábado", "Domingo"];
                for(i in dias) { alert(dias[i]);
                }
        </script>
    </head>
</html>
```

También disponemos de bucles while y do-while:

```
<html>
    <head>
            <script type="text/javascript"> var i = 0;
                while(i<5) { alert(i); i++;
                }
        </script>
    </head>
</html>
```

Y es posible salir de un bucle utilizando break o saltar hasta la siguiente iteración con continue:

```
<html>
    <head>
        <script type="text/javascript"> var i = 0;
            while(i<5) { alert(i); i++;
                if(i == 3) break;
            }
        </script>
    </head>
</html>
```

2.5.1. LA ESTRUCTURA SWITCH

Las estructuras de control son la manera con la que se puede dominar el flujo de los programas, para hacer cosas distintas en función de los estados de las variables. En el Manual de Javascript ya empezamos a ver las estructuras de control y ahora le ha tocado el turno a SWITCH, una estructura un poco más compleja que permite hacer múltiples operaciones dependiendo del estado de una variable.

En este artículo veremos que switch nos sirve para tomar decisiones en función de distintos estados de las variables. Esta expresión se utiliza cuando tenemos múltiples posibilidades como resultado de la evaluación de una sentencia.

La estructura SWITCH se incorporó a partir de la versión 1.2 de Javascript (Netscape 4 e Internet Explorer 4). Su sintaxis es la siguiente.

```
switch (expresión) { case valor1:
    Sentencias a ejecutar si la
    expresión tiene como valor a
    valor1 break
case valor2:
    Sentencias a ejecutar si la
    expresión tiene como valor a
    valor2 break
case valor3:
    Sentencias a ejecutar si la
    expresión tiene como valor a
    valor3 break
default:
    Sentencias a ejecutar si el valor no es ninguno de los
    anteriores
}
```

La expresión se evalúa, si vale valor1 se ejecutan las sentencias relacionadas con ese caso. Si la expresión vale valor2 se ejecutan las instrucciones relacionadas con ese valor y así sucesivamente, por tantas opciones como deseemos. Finalmente, para todos los casos no contemplados anteriormente se ejecuta el caso por defecto.

La palabra break es opcional, pero si no la ponemos a partir de que se encuentre coincidencia con un valor se ejecutarán todas las sentencias relacionadas con este y todas las siguientes. Es decir, si en nuestro esquema anterior no hubiese ningún break y la expresión valiese valor1, se ejecutarían las sentencias relacionadas con valor1 y también las relacionadas con valor2, valor3 y default.

También es opcional la opción default u opción por defecto.

Veamos un ejemplo de uso de esta estructura. Supongamos que queremos indicar que día de la semana es. Si el día es 1 (lunes) sacar un mensaje indicándolo, si el día es 2 (martes) debemos sacar un mensaje distinto y así sucesivamente para cada día de la semana, menos en el 6 (sábado) y 7 (domingo) que queremos mostrar el mensaje "es fin de semana". Para días mayores que 7 indicaremos que ese día no existe.

```
switch (dia_de_la_semana)
    { case 1:
        document.write("Es Lunes")
        break
    case 2:
        document.write("Es Martes")
        break
    case 3:
        document.write("Es
        Miércoles") break
    case 4:
        document.write("Es Jueves")
        break
    case 5:
        document.write("Es viernes")
        break
    case 6:
    case 7:
        document.write("Es fin de semana")
        break
    default:
        document.write("Ese día no existe")

    }
```

El ejemplo es relativamente sencillo, solamente puede tener una pequeña dificultad, consistente en interpretar lo que pasa en el caso 6 y 7, que habíamos dicho que teníamos que mostrar el mismo mensaje. En el caso 6 en realidad no indicamos ninguna instrucción, pero como tampoco colocamos un break se ejecutará la sentencia o sentencias del caso siguiente, que corresponden con la sentencia indicada en el caso 7 que es el mensaje que informa que es fin de semana. Si el caso es 7 simplemente se indica que es fin de semana, tal como se pretendía

2.6. FUNCIONES

JavaScript incluye muchas funciones que solucionan procesamientos muy habituales de las variables. La forma de llamar a estas funciones es igual que la de llamar a los métodos y atributos de los objetos en

Java. De hecho, son muy similares en nombre y funcionamiento. Por ejemplo, para cadenas de caracteres:

concat: para concatenar cadenas. También puede hacerse con el operador +.

charAt: devuelve el caracter situado en una determinada posición. length: longitud de la cadena de caracteres.

indexOf: devuelve la primera posición donde se encuentra un determinado caracter.

split: separa una determinada cadena en un conjunto de subcadenas en función de un delimitador dado.

substring: devuelve la subcadena que se encuentra entre dos posiciones.

toUpperCase: pasa la cadena a mayúsculas.
toLowerCase: pasa la cadena a minúsculas.

Un ejemplo con el funcionamiento de algunas de estas funciones:

```
<html>
    <head>
        <script type="text/javascript"> var cad = "Hola que tal";
            alert(cad.toUpperCase());
            alert(cad.substring(5,8));
            alert(cad.indexOf("a"));
            var subcads = cad.split(" "); for(i in subcads) {
                alert(subcads[i]);
            }
        </script>
    </head>
</html>
```

También existen funciones muy útiles para trabajar con arrays:

concat: une dos arrays en uno.

join: une los elementos de un array en una cadena. Los elementos se unen separados por un separador que se pasa como argumento.

length: calcula el número de elementos del array. pop: saca el último elemento del array.

push: incluye un elemento al final del array. shift: saca al primer elemento del array.
unshift: inserta un nuevo elemento en el principio del array.
reverse: invierte el orden de los elementos de un array.

Un ejemplo puede ser este:

```html
<html>
        <head>
                <script type="text/javascript"> var m = [1, 2, 3, 4];
                        alert(m.length); alert(m.join("-"));
                        alert(m.pop()); alert(m); alert(m.reverse());
                </script>
        </head>
</html>
```

.

También existen funciones útiles para números:

isNaN: comprueba si un valor no está definido.
toFixed: limita el número de decimales.

También se pueden definir funciones propias. No es necesario declarar ni el tipo de argumentos (basta con el nombre) ni el tipo de retorno (no se indica).

La sintaxis es muy similar a la del resto de lenguajes de programación:

```
<html>
    <head>
        <script type="text/javascript"> function
        numSubCads(cad) {
            return cad.split(" ").length;
        }
        alert(numSubCads("Hola que tal"));
        alert(numSubCads("No me va mal"));
        </script>
    </head>
</html>
```

2.7. FUNCIONES DEFINIDAS POR EL USUARIO

Ahora vamos a ver un tema muy importante, sobretodo para los que no han programado nunca y con Javascript están dando sus primeros pasos en el mundo de la programación ya que veremos un concepto nuevo, el de función, y los usos que tiene. Para los que ya conozcan el concepto de función también será un capítulo útil, pues también veremos la sintaxis y funcionamiento de las funciones en Javascript.

2.7.1. Qué es una función

A la hora de hacer un programa ligeramente grande existen determinados procesos que se pueden concebir de forma independiente, y que son más sencillos de resolver que el problema entero. Además, estos suelen ser realizados repetidas veces a lo largo de la ejecución del programa. Estos procesos se pueden agrupar en una función, definida para que no tengamos que repetir una y otra vez ese código en nuestros scripts, sino que simplemente llamamos a la función y ella se encarga de hacer todo lo que debe.

Así que podemos ver una función como una serie de instrucciones que englobamos dentro de un mismo proceso. Este proceso se podrá luego ejecutar desde cualquier otro sitio con solo llamarlo. Por ejemplo, en una página web puede haber una función para cambiar el color del fondo y desde cualquier punto de la página podríamos llamarla para que nos cambie el color cuando lo deseemos.

Las funciones se utilizan constantemente, no sólo las que escribes tú, sino también las que ya están definidas en el sistema, pues todos los lenguajes de programación suelen tener un montón de funciones para realizar procesos habituales, como por ejemplo obtener la hora, imprimir un mensaje en la pantalla o convertir variables de un tipo a otro. Ya hemos visto alguna función en nuestros sencillos ejemplos anteriores. Por ejemplo, cuando hacíamos un document.write() en realidad estábamos llamando a la función write() asociada al documento de la página, que escribe un texto en la página.

En los capítulos de funciones vamos primero a ver cómo realizar nuestras propias funciones y cómo llamarlas luego. A lo largo del manual veremos muchas de las funciones definidas en Javascript que debemos utilizar para realizar distintos tipos de acciones habituales.

2.7.2. Cómo se escribe una función

Una función se debe definir con una sintaxis especial que vamos a conocer a continuación.

```
function nombrefuncion (){ instrucciones de la función
...

}
```

Primero se escribe la palabra function, reservada para este uso. Seguidamente se escribe el nombre de la función, que como los nombres de variables puede tener números, letras y algún carácter adicional como en guión bajo. A continuación se colocan entre llaves las distintas instrucciones de la función. Las llaves en el caso de las funciones no son opcionales, además es útil colocarlas siempre como se ve en el ejemplo, para que se reconozca fácilmente la estructura de instrucciones que engloba la función.

Veamos un ejemplo de función para escribir en la página un mensaje de bienvenida dentro de etiquetas <H1> para que quede más resaltado.

```
function escribirBienvenida(){
document.write("<H1>Hola a todos</H1>")
}
```

Simplemente escribe en la página un texto. Admitimos que es una función tan sencilla, que el ejemplo no expresa suficientemente el concepto de función, pero ya veremos otras más complejas. Las etiquetas H1 no se muestran en la página, sino que son interpretadas como el significado de la misma, en este caso que escribimos un encabezado de nivel 1. Como estamos escribiendo en una página web, al poner etiquetas HTML se interpretan como lo que son.

2.7.3. Cómo llamar a una función

Para ejecutar una función la tenemos que invocar en cualquier parte de la página. Con eso conseguiremos que se ejecuten todas las instrucciones que tiene la función entre las dos llaves.

Para ejecutar la función utilizamos su nombre seguido de los paréntesis. Por ejemplo, así llamaríamos a la función escribirBienvenida() que acabamos de crear.

escribirBienvenida()

Luego veremos que existen muchas cosas adicionales que debemos conocer de las funciones, como el paso de parámetros o los valores de retorno. Pero antes vamos a explicar dónde debemos colocar las funciones Javascript.

2.7.4. Dónde colocamos las funciones

Vemos la manera de insertar las funciones Javascript de cliente dentro de las páginas web.

Las funciones son uno de los principales componentes de los programas, en la mayoría de los lenguajes de programación. En el Manual de Javascript ya hemos comenzado a explicar qué es una función y cómo podemos crearla e invocarla en este lenguaje. Ahora vamos a tratar un tema que no es tanto de sintaxis y programación, sino que tiene más que ver con el uso correcto y habitual que se hace de las funciones en Javascript, que no es otro que la colocación del código de las funciones en la página web.

En principio, podemos colocar las funciones en cualquier parte de la página, siempre entre etiquetas <SCRIPT>, claro está. No obstante existe una limitación a la hora de colocarla con relación a los lugares desde donde se la llame. Te adelantamos que lo más fácil es colocar la función antes de cualquier llamada a la misma y así seguro que nunca nos equivocaremos.

Existen dos opciones posibles para colocar el código de una función:

a) Colocar la función en el mismo bloque de script: En concreto, la función se puede definir en el bloque <SCRIPT> donde esté la llamada a la función, aunque es indiferente si la llamada se encuentra antes o después del código de la función, dentro del mismo bloque <SCRIPT>.

```
<SCRIPT>
miFuncion()
```

```
function miFuncion(){ //hago algo...
document.write("Esto va bien")

}

</SCRIPT>
```

Este ejemplo funciona correctamente porque la función está declarada en el mismo bloque que su llamada.

b) Colocar la función en otro bloque de script: También es válido que la función se encuentre en un bloque <SCRIPT> anterior al bloque donde está la llamada.

```
<HTML>
<HEAD>
<TITLE>MI PÁGINA</TITLE> <SCRIPT>

function miFuncion(){ //hago algo...

document.write("Esto va bien")
}
</SCRIPT>
</HEAD>
<BODY>

<SCRIPT>
miFuncion()
</SCRIPT>

</BODY>

</HTML>
```

Vemos un código completo sobre cómo podría ser una página web donde tenemos funciones Javascript. Como se puede comprobar, las funciones están en la cabecera de la página (dentro del HEAD). Éste es un lugar excelente donde colocarlas, porque se supone que en la cabecera no se van a utilizar todavía y siempre podremos disfrutar de ellas en el cuerpo porque sabemos seguro que ya han sido declaradas.

Para que quede claro este asunto de la colocación de funciones veamos el siguiente ejemplo, que daría un error. Examina atentamente el código siguiente, que lanzará un error, debido a que hacemos una llamada a una función que se encuentra declarada en un bloque

```
<SCRIPT> posterior.

<SCRIPT>
miFuncion()
</SCRIPT>

<SCRIPT>

function miFuncion(){ //hago algo...
document.write("Esto va bien")

}

</SCRIPT>
```

Con esto esperamos haber resuelto todas las dudas sobre la colocación del código de las funciones Javascript. En siguientes artículos veremos otros temas interesantes como los parámetros de las funciones.

2.7.5. Parámetros de las funciones

Vemos lo que son los parámetros en las funciones. Vemos como definir funciones que reciben parámetros en el lenguaje Javascript y como hacer llamadas a funciones pasando parámetros.

En el Manual de Javascript hemos hablado anteriormente sobre funciones. En concreto este es el tercer artículo que abordamos sobre el tema.

Las ideas que hemos explicado anteriormente sobre funciones no son las únicas que debemos aprender para manejarlas en toda su potencia. Las funciones también tienen una entrada y una salida de datos. En este artículo veremos cómo podemos enviar datos a las funciones Javascript.

2.7.6. Parámetros

Los parámetros se usan para mandar valores a las funciones. Una función trabajará con los parámetros para realizar las acciones. Por decirlo de otra manera, los parámetros son los valores de entrada que recibe una función.

Por poner un ejemplo sencillo de entender, una función que realizase una suma de dos números tendría como parámetros a esos dos números. Los dos números son la entrada, así como la salida sería el resultado de la suma, pero eso lo veremos más tarde.

Veamos un ejemplo anterior en el que creábamos una función para mostrar un mensaje de bienvenida en la página web, pero al que ahora le vamos a pasar un parámetro que contendrá el nombre de la persona a la que hay que saludar.

```
function escribirBienvenida(nombre){
document.write("<H1>Hola " + nombre + "</H1>")
}
```

Como podemos ver en el ejemplo, para definir en la función un parámetro tenemos que poner el nombre de la variable que va a almacenar el dato que le pasemos. Esa variable, que en este caso se llama nombre, tendrá como valor el dato que le pasemos a la función cuando la llamemos. Además, la variable donde recibimos el parámetro tendrá vida durante la ejecución de la función y dejará de existir cuando la función termine su ejecución.

Para llamar a una función que tiene parámetros se coloca entre paréntesis el valor del parámetro. Para llamar a la función del ejemplo habría que escribir:

escribirBienvenida("Pepe")

Al llamar a la función así, el parámetro nombre toma como valor "Pepe" y al escribir el saludo por pantalla escribirá "Hola Pepe" entre etiquetas <H1>.

Los parámetros pueden recibir cualquier tipo de datos, numérico, textual, boleano o un objeto. Realmente no especificamos el tipo del parámetro, por eso debemos tener un cuidado especial al definir las acciones que realizamos dentro de la función y al pasarle valores, para asegurarnos que todo es consecuente con los tipos de datos que esperamos tengan nuestras variables o parámetros.

2.7.7. Múltiples parámetros

Una función puede recibir tantos parámetros como queramos y para expresarlo se colocan los nombres de los parámetros separados por comas, dentro de los paréntesis. Veamos rápidamente la sintaxis para que la función de antes, pero hecha para que reciba dos parámetros, el primero el nombre al que saludar y el segundo el color del texto.

```
function                          escribirBienvenida(nombre,colorTexto){
document.write("<FONT    color='"    +    colorTexto    +    "'>")
document.write("<H1>Hola    "    +    nombre    +    "</H1>")
document.write("</FONT>")

}

Llamaríamos a la función con esta sintaxis. Entre los paréntesis
colocaremos los valores de los parámetros.
```

```
var miNombre = "Pepe" var miColor = "red"

escribirBienvenida(miNombre,miColor)
```

He colocado entre los paréntesis dos variables en lugar de dos textos entrecomillados. Cuando colocamos variables entre los parámetros en realidad lo que estamos pasando a la función son los valores que contienen las variables y no las mismas variables.

2.7.8. Los parámetros se pasan por valor

Al hilo del uso de parámetros en nuestros programas Javascript, tenemos que saber que los parámetros de las funciones se pasan por valor. Esto quiere decir que estamos pasando valores y no variables. En la práctica, aunque modifiquemos un parámetro en una función, la variable original que habíamos pasado no cambiará su valor. Se puede ver fácilmente con un ejemplo.

```
function pasoPorValor(miParametro){ miParametro = 32
document.write("he cambiado el valor a 32")

}

var miVariable = 5 pasoPorValor(miVariable)

document.write ("el valor de la variable es: " + miVariable)
```

En el ejemplo tenemos una función que recibe un parámetro y que modifica el valor del parámetro asignándole el valor 32. También tenemos una variable, que inicializamos a 5 y posteriormente llamamos a la función pasándole esta variable como parámetro. Como dentro de la función modificamos el valor del parámetro podría pasar que la variable original cambiase de valor, pero como los parámetros no modifican el valor original de las variables, ésta no cambia de valor.

De este modo, una vez ejecutada la función, al imprimir en pantalla el valor de miVariable se imprimirá el número 5, que es el valor original de la variable, en lugar de 32 que era el valor con el que habíamos actualizado el parámetro.

En Javascript sólo se pueden pasar las variables por valor.

Ahora que hemos aprendido a enviar datos a las funciones, por medio de los parámetros, podemos aprender a hacer funciones que devuelven valores.

2.7.9. Valores de retorno

Las funciones pueden devolver valores, a través de la sentencia return. También vemos un apunte sobre el ámbito de variables en funciones en Javascript.

Estamos aprendiendo acerca del uso de funciones en Javascript y en estos momentos quizás ya nos hayamos dado cuenta de la gran importancia que tienen para hacer programas más o menos avanzados. En este artículo del Manual de Javascript seguiremos aprendiendo cosas sobre funciones y en concreto que con ellas también se puede devolver valores. Además, veremos algún caso de uso interesante sobre las funciones que nos puede aclarar un poco el ámbito de variables locales y globales.

2.7.10. Devolución de valores en las funciones

Las funciones en Javascript también pueden retornar valores. De hecho, ésta es una de las utilidades más esenciales de las funciones, que debemos conocer, no sólo en Javascript sino en general en cualquier lenguaje de programación. De modo que, al invocar una función, se podrá realizar acciones y ofrecer un valor como salida.

Por ejemplo, una función que calcula el cuadrado de un número tendrá como entrada a ese número y como salida tendrá el valor resultante de hallar el cuadrado de ese número. La entrada de datos en las funciones la vimos anteriormente en el artículo sobre parámetros de las funciones. Ahora tenemos que aprender acerca de la salida.

Veamos un ejemplo de función que calcula la media de dos números. La función recibirá los dos números y retornará el valor de la media.

```
function media(valor1,valor2){ var resultado

resultado = (valor1 + valor2) / 2 return resultado

}
```

Para especificar el valor que retornará la función se utiliza la palabra return seguida de el valor que se desea devolver. En este caso se devuelve el contenido de la variable resultado, que contiene la media calculada de los dos números.

Quizás nos preguntemos ahora cómo recibir un dato que devuelve una función. Realmente en el código fuente de nuestros programas podemos invocar a las funciones en el lugar que deseemos. Cuando una función devuelve un valor simplemente se sustituye la llamada a la función por ese valor que devuelve. Así pues, para almacenar un valor de devolución de una función, tenemos que asignar la llamada a esa función como contenido en una variable, y eso lo haríamos con el operador de asignación =.

Para ilustrar esto se puede ver este ejemplo, que llamará a la función media() y guardará el resultado de la media en una variable para luego imprimirla en la página.

```
var miMedia

miMedia = media(12,8)
document.write (miMedia)
```

2.7.11. Múltiples return

En realidad en Javascript las funciones sólo pueden devolver un valor, por lo que en principio no podemos hacer funciones que devuelvan dos datos distintos.

Nota: en la práctica nada nos impide que una función devuelva más de un valor, pero como sólo podemos devolver una cosa, tendríamos que meter todos los valores que queremos devolver en una estructura de datos, como por ejemplo un array. No obstante, eso sería un uso más o menos avanzado que no vamos a ver en estos momentos.

Ahora bien, aunque sólo podamos devolver un dato, en una misma función podemos colocar más de un return. Como decimos, sólo vamos a poder retornar una cosa, pero dependiendo de lo que haya sucedido en la función podrá ser de un tipo u otro, con unos datos u otros.

En esta función podemos ver un ejemplo de utilización de múltiples return. Se trata de una función que devuelve un 0 si el parámetro recibido era par y el valor del parámetro si este era impar.

```
function multipleReturn(numero){ var resto = numero % 2

if                              (resto == 0) return 0
else

return numero

}
```

Para averiguar si un número es par hallamos el resto de la división al dividirlo entre 2. Si el resto es cero es que era par y devolvemos un 0, en caso contrario -el número es impar- devolvemos el parámetro recibido.

3. DOM

El Document Object Model permite el acceso a cualquier parte de una página web y leer o modificar sus atributos, eliminar y crear elementos, etc. Es decir, es un elemento imprescindible para desarrollar webs dinámicas.

El funcionamiento del DOM es posible gracias a que los navegadores son capaces de crear desde cualquier web, como por ejemplo esta:

```
<html>
    <head>
        <title>Ejemplo hola mundo</title>
    </head>
    <body>
        <p>Hola mundo!!!</p>
    </body>
</html>
```

una jerarquía de nodos, de forma que se crea una jerarquía de nodos XML. Lo que nos permite DOM es navegar por dicha jerarquía.

Para la página anterior se crearía una jerarquía parecida a esta:

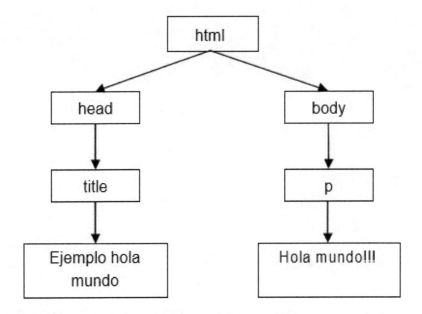

Para realizar la transformación se utilizan varios tipos de nodos distintos. Algunos de los más importantes son:

attr: atributos de las etiquetas HTML. document: nodo raíz de la jerarquía.

element: representa cada etiqueta HTML. Puede tener atributos.
text: texto que se encuentra rodeado por las etiquetas HTML.

Para poder ver la jerarquía DOM de cualquier página podemos descargar e instalar en Firefox el DOM Inspector (https://addons.mozilla.org/es-ES/firefox/addon/6622/).

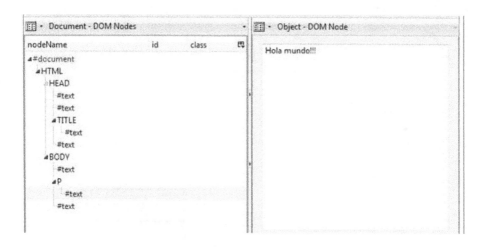

3.1. ACCESO A LOS ELEMENTOS DEL DOM

Aunque es posible acceder a cada elemento por su nombre completo, es decir, mediante el nombre de cada etiqueta que debemos descender en la jerarquía XML para llegar a él separados por puntos, lo normal es que el acceso se realice mediante alguna de las funciones que nos permite localizar elementos:

getElementsByName(): permite recuperar todos los elementos cuyo atributo name sea el indicado.

getElementById(): permite obtener la etiqueta cuyo atributo id es el indicado. Sólo será una etiqueta ya que el id es único en la página.

getElementsByTagName(): permite recuperar todos los elementos de un determinado tipo dentro de la página.

Una vez accedido el elemento deseado podemos acceder a sus atributos:

```
var nodo = document.getElementById("elemento");
```

```
alert(nodo.style);
```

3.2. INSERCIÓN ELEMENTOS

En JavaScript se dispone de distintas funciones para la creación de los distintos nodos que podemos encontrarnos en una página web. Si deseamos crear un elemento debemos tener claro que nodos lo forman. Por ejemplo, si nos fijamos en la figura 5.2 generada con DOM Inspector, un elemento p tiene dos nodos que lo forman: el element de la etiqueta <p> y el nodo text del texto que se incluye entre las etiquetas <p>. Después se debe insertar el elemento con la función appendChild() desde el nodo que vaya a ser padre del elemento que insertemos.

Podemos añadir un párrafo al cuerpo de nuestra página con las instrucciones:

```
var p = document.createElement("p");
var texto =
document.createTextNode("Hola
Mundo!!!"); p.appendChild(texto);
document.body.appendChild(p);
```

3.3. ELIMINACIÓN ELEMENTOS

Para eliminar un nodo de la jerarquía de nodos es necesario hacerlo desde el nodo superior utilizando la función removeChild(). Para facilitar el acceso al nodo superior podemos utilizar el acceso parentNode en el nombre del nodo al que se quiere acceder.

Por ejemplo:

p.parentNode.removeChild(p);

4. EVENTOS

Con JavaScript se puede utilizar la programación orientada a eventos, es decir, se pueden crear funciones JavaScript que se ejecuten cuando el usuario realice alguna acción. En este caso, las funciones se convierten en manejadores de eventos, ya que se ejecutan cuando sucede un evento determinado.

En el manejo de eventos nos encontramos con gran cantidad de incompatibilidades entre distintos navegadores, lo que hace de el manejo de eventos una de las partes más difíciles de la programación web. En particular, Internet Explorer utiliza un modelo de eventos propio, aunque es muy importante debido a que es el navegador por excelencia.

Algunos de los eventos más importantes son:

onblur: el elemento deja de estar activo.
onchange: el elemento cambia.
onclick: se hace click con el ratón sobre el elemento.
ondblclick: se hace doble click de ratón sobre el elemento.
onfocus: el elemento pasa a estar activo.

onkeypress: se pulsa una tecla con el elemento activo.
onload: la página se ha cargado completamente.
onmouseout: el ratón sale de la superficie del elemento.
onmouseover: el ratón está sobre el elemento.
onsubmit: se envía un formulario.
onunload: se abandona la página.

En el siguiente ejemplo podemos ver como se asigna un determinado evento con su manejador. También podemos ver que en JavaScript existe el puntero this, que en el ejemplo apunta al elemento que genera el evento.

El evento consiste en un div que cambia el color de su borde en función de si el ratón está dentro o fuera del mismo:

```html
<html>
    <head>
        <script type="text/javascript">
            function selecciona(elemento) {
                elemento.style.borderColor = 'red';
            }
            function normal(elemento) {
                elemento.style.borderColor = 'black';
            }
        </script>
    </head>
    <body>
        <div style="width:120px; height:40px; border:solid black"
             onmouseover="selecciona(this)
             ;" onmouseout="normal(this);">
            Hola a todos!!!
        </div>
    </body>
</html>
```

El problema de este código es que, si para un elemento debemos manejar muchos eventos, el código HTML y el JavaScript se mezclan demasiado.

Una forma elegante de hacer lo mismo utilizando DOM es la siguiente:

```html
<html>
    <head>
        <script type="text/javascript"> function selecciona() {
                this.style.borderColor = 'red';
            }
            function normal() { this.style.borderColor = 'black';
            }
            window.onload = function() { document.
                    getElementById("generaEvent
                    os").
                    onmouseover=selecciona;
                document.
                    getElementById("generaEvent
                    os"). onmouseout=normal;
            }
        </script>
    </head>
    <body>
        <div style="width:120px; height:40px; border:solid black"
            id="generaEventos">
            Hola a todos!!!
        </div>
    </body>
</html>
```

Este ejemplo incluye algunos cambios importantes respecto al anterior:

Utiliza una función anónima, es decir, que no tiene nombre. La razón es que es una función que no se va a llamar desde ninguna parte del código: simplemente se va a ejecutar cuando se produzca un evento muy concreto como es la carga completa de la página (window.onload).

La función anónima se utiliza para asignar, utilizando dom, el manejador de eventos con el evento del elemento correspondiente. Esto sólo puede hacerse correctamente cuando la página ha sido cargada completamente.

En este caso se utiliza this dentro de la función y no se pasa como argumento.

4.1. EVENTOS DE TECLADO

Hasta ahora hemos enlazado una función con un evento para que cuando se produzca el evento se ejecute la función. No hemos entrado a estudiar el propio evento.

En el caso de que el evento a tratar sea un evento de teclado (por ejemplo) es importante conocer más datos sobre el evento (por ejemplo que tecla se ha pulsado).

Utilizaremos los eventos de teclado como ejemplo pero el tratamiento de la información de otros eventos es muy similar.

En el tratamiento de eventos es donde más diferencias hay entre unos navegadores y otros.

La más notable: en Internet Explorer el evento depende directamente de la ventana, por lo que puede obtenerse con window.event; en el resto de navegadores el evento es el único argumento posible del manejador, de la forma manejador (evento) { ...}. Vamos a centrarnos en el caso del Internet Explorer por ser el navegador más difundido.

El evento más importante de teclado es onkeypress, producido al presionar una tecla y su propiedad keyCode (en IE, en otros navegadores es charCode).

En este ejemplo se muestra el código ASCII y la letra pulsada en una página en blanco.

```
<html>
    <head>
        <script
            type="te
            xt/javasc
            ript">
            function
            letra() {
                var e =
                window.ev
                ent;
                alert(e.key
```

```
                                    Code+" =
                                    "+
                                            String.fromCharCode(e.keyCod
                                            e));
                            }
                    window.onload =
                            function() {
                            document.onkey
                            press=letra;
                    }
                </script>
            </head>
    </html>
```

Para letras especiales como ALT, CTRL, etc., debemos utilizar propiedades booleanas como altKey, ctrlKey, etc., comunes a todos los navegadores.

4.2. EVENTOS DE RATÓN

La información más relevante de un evento de ratón son las coordenadas donde se encuentra:

```html
<html>
    <head>
        <script
            type="te
            xt/javasc
            ript">
            function
            pos() {
                var e = window.event;
                alert("Posición    navegador:
                    "+e.clientX+",      "
                    +e.clientY+"\nPosici
                    ón    pantalla:    "
                    +e.screenX+"     ,
                    "+e.screenY); }
            window.onload =
                function() {
                document.
                onclick=po
                s;
            }
        </script>
    </head>
</html>
```

5. COMPROBACIÓN DE FORMULARIOS

Una de las aplicaciones fundamentales de JavaScript es la validación de los datos introducidos en los formularios, de forma que dicha validación se realiza en el cliente y se evita la sobrecarga que suponen estas tareas en el servidor.

Cuando se carga una página con formularios, el navegador crea un array que contiene todos los formularios de la página. Este array se llama forms. Para cada formulario también se crea un array con los elementos que lo forman llamado elements. Cada uno de estos elementos tiene una serie de características comunes, aparte de otras propias de cada uno, muy útiles:

form: referencia al formulario al que pertenece el elemento. name: nombre del elemento (atributo name HTML).

type: indica el tipo de elemento que es. value: valor del elemento.

Se recomienda al alumno que revise la bibliografía para profundizar en las características propias de cada tipo de elemento.

Un ejemplo de validación de un formulario puede ser este:

```
<html>
    <head>
        <title>Formulario</title>
        <script>
            function valida(){
                if(docume
                nt.formular
                io.
                    nombre.valu
                e.length==0){
                alert("Escribe el
```

```
                                    nombre");
                                    document.formulario.
                                                nombre.foc
                                                us();
                                    return;
                            }
                            edad =
                            document.formulario.edad.va
                            lue; if(edad.length==0 ||
                            isNaN(edad)) {
                                    alert("Edad
                                    incorrecta.");
                                    document.formulario.e
                                    dad.focus(); return;
                            }


                            if(document.formulario.
                                        ciudad.selecte
                                        dIndex==0) {
                                    alert("Seleccio
                                    na ciudad.");
                                    document.for
                                    mulario.

                                            ciudad.focus();
                            return;
                    }
                    document.formulario.submit();
            }
        </script>
    </head>
    <body>
        <form
            name="formu
            lario">
            <table>
                <tr>
```

```
                              <td>Nombre: </td>
                              <td><input
                              type="text"
                                      name="nombre"
                                      size="30"
                                      maxlength="30"></td>
        </tr>
        <tr>

                              <td>Edad: </td>
                              <td><input
                              type="text"
                                      name="edad"
                                      size="3"
                                      maxlength="2"></t
                                      d>
        </tr>
        <tr>

                              <td>Ciudad:</td>
                              <td>
                                      <select name=ciudad>
                                      <option
                                      value="Elegir">
                                              Elegir</option>
                                      <option
                                      value="Madrid">
                                              Madrid</optio
                              n> <option
                                      value="Bilbao">
                                              Bilbao</option>
                              > <option
                                      value="Sevilla">
                                              Sevilla</opti
                              on> <option
                                      value="Avila">
                                              Avila</option>
                                      </select>
                              </td>
        </tr>
        <tr>
```

```
                                        <td colspan="2"
                                            align="center">
                                        <input
                                        type="button"
                                                value="Enviar"
                                                onclick="valida()"/>
                                    </td>
                            </tr>
                    </table>
            </form>
        </body>
</html>
```

Como podemos observar, utilizamos JavaScript para enviar el formulario una vez validado. También es interesante que se selecciona el campo que ha producido el error de validación para que el usuario pueda corregirlo más fácilmente.

También es posible programar de forma que el usuario no pueda introducir datos erróneos. En el ejemplo anterior, se valida el campo edad para que esté relleno y sea un número, pero podemos hacer que el campo sólo admita números:

```
        <html>

            ...............

                    function vedad() {

                            var num = "0123456789";

                            var e = window.event;

                            var caracter = String.

                                    fromCharCode(e.keyCode);

                            if(num.indexOf(caracter)!=-1)

                                    return true;
```

```
                                              else return false;

                              }
              ........................

                                              <td>Edad: </td> <td><input

                                              type="text"

name="edad" size="3" maxlength="3" onkeypress="return vedad()";>

..................
```

6. DEPURACIÓN DE CÓDIGO

Como cualquier código, las funciones en JavaScript pueden darnos más de un dolor de cabeza, sobre todo si tenemos en cuenta que el navegador, a priori, no muestra ningún error por pantalla, siguiendo la política de mostrar las páginas como sea y hasta donde sea posible.

De todas formas, existen muchas aplicaciones, plugins, etc., que permiten depurar código en JavaScript: para Internet Explorer es necesario tener instalado Visual Studio, en Firefox podemos descargarnos un plugin llamado Firebug, en Google Chrome viene instalado por defecto, etc.

Vamos a ver las opciones básicas de las que dispone Firebug, aunque el resto tiene opciones muy similares. Podemos descargar Firebug de la web de plugins de Firefox (https://addons.mozilla.org/es-ES/firefox/addon/1843/). Una vez instalado, si abrimos la página anterior con Firefox y vamos a Herramientas > Firebug > Abrir Firebug tendríamos que ver algo como esto:

Como podemos ver en las pestañas de Firebug podemos acceder al HTML, a los CSS, al código JavaScript, a la jerarquía DOM, etc.

Si probamos a introducir una letra en el campo edad... ¡Firefox nos lo permite! Algo pasa, y podemos averiguarlo con Firebug. Para que si se ejecuta código JavaScript podamos depurarlo debemos tener activa la pausa automática, que se encuentra al principio de la barra de Firebug:

Si lo activamos, la pestaña Script aparecerá resaltada. Ahora volvemos a intentar introducir una letra en el campo edad y ocurre esto:

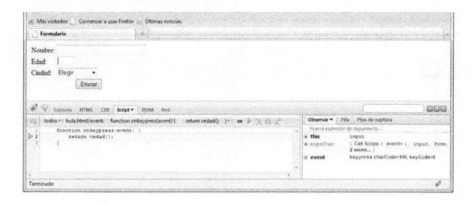

La ejecución se detiene y aparece resaltada la línea en la que se detiene la ejecución. A partir de este momento podemos hacer varias cosas: continuar la ejecución si más pausas, entrar en una función, ejecutar sólo una instrucción, poner puntos de ruptura, etc. Para ello, lo mejor es pulsar con el botón derecho y ver las opciones en cada caso.

En el ejemplo anterior pulsamos con el botón derecho y pulsamos en la opción de entrar en la función vedad():

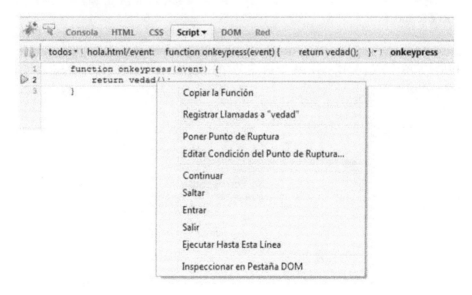

Para ejecutar una a una las instrucciones también seleccionamos Entrar (imagino que estará mal traducido). Paramos en este punto:

A la derecha podemos explorar las distintas variables, objetos, etc., que existen en un momento determinado de la ejecución. El objeto e debía almacenar el evento de pulsar una tecla, y sin embargo se encuentra "no definido".

El error está en la forma en la que recogemos el evento, ya que lo hacemos como sólo funciona en Internet Explorer. Vamos a añadir algo de código:

```
<html>
        ............
                        function vedad(ev) {
                                var num = "0123456789";
                                var e;
                                if(navigator.appName.
                                        indexOf("Explorer")!=-1)
```

```
                         e = window.event;

            else e = ev;

            var caracter = String.

                   fromCharCode(e.keyCode);

            if(num.indexOf(caracter)!=-1) return

            true; else return false;

      }

      ................

            <td>Edad: </td>

            <td><input type="text" name="edad"

            size="3" maxlength="2"

            onkeypress="return
            vedad(event)";>

      ................
```

Con la primera parte de código resaltado en negrita identificamos si el navegador es IE o otro y almacenamos el evento de forma correcta. También debemos llamar cuando se produzca el evento onkeypress de forma correcta ya que, por ejemplo en Firefox, el evento se pasa como argumento.

También en Herramientas tenemos la Consola de errores, donde podemos visualizar los errores de codificación de una página.

Si al escribir el código anterior se nos pasa un ")":

```
if(navigator.appName.indexOf("Explorer")!=-1
```

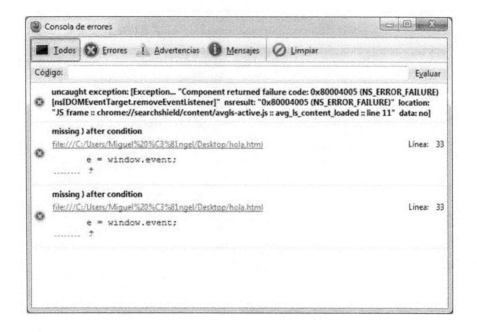

7. EJEMPLOS

Por último se incluye un recopilatorio de funciones JavaScript útiles para muchas aplicaciones. Muchas son bibliotecas de funciones desarrolladas y de acceso libre.

Dada la cantidad de código JavaScript que podemos encontrar en la web, es muy recomendable buscar el código que se necesita antes de implementarlo uno mismo, por si podemos ahorrarnos algo de trabajo.

Empecemos por unos muy básicos:

7.1. Abrir una ventana secundaria

Primero vamos a ver que con una línea de Javascript podemos hacer cosas bastante atractivas. Por ejemplo podemos ver cómo abrir una ventana secundaria sin barras de menús que muestre el buscador Google. El código sería el siguiente.

```
<script>
window.open("http://www.google.com","","width=550,height=420,menubar=
no")
</script>
```

7.2.- Un mensaje de bienvenida

Podemos mostrar una caja de texto emergente al terminarse de cargar la portada de nuestro sitio web, que podría dar la bienvenida a los visitantes.

```
<script>
```

```
window.alert("Bienveni
do a mi sitio web.
Gracias...") </script>
```

Puedes ver el ejemplo en una página a parte.

7.3.- Fecha actual

Veamos ahora un sencillo script para mostrar la fecha de hoy. A veces es muy interesante mostrarla en las webs para dar un efecto de que la página está al "al día", es decir, está actualizada.

```
<script> document.write(new Date()) </script>
```

Estas líneas deberían introducirse dentro del cuerpo de la página en el lugar donde queramos que aparezca la fecha de última actualización.

7.4.- Botón de volver

Otro ejemplo rápido se puede ver a continuación. Se trata de un botón para volver hacia atrás, como el que tenemos en la barra de herramientas del navegador. Ahora veremos una línea de código que mezcla HTML y Javascript para crear este botón que muestra la página anterior en el historial, si es que la hubiera.

```
<input type=button value=Atrás onclick="history.go(-1)">
```

El botón sería parecido al siguiente. Podemos pulsarlo para ver su funcionamiento (debería llevarnos a la página anterior).

7.5. VALIDAR DNI

Es algo bastante típico. Por ejemplo podemos hacerlo con:

```
function validaDNI(dni) {
    numero =
    dni.substr(0,dni.length-
    1); letra =
    dni.substr(dni.length-
    1,1); numero = numero
    % 23;
    letras='TRWAGMYFPDXBNJZSQVHLCKET';
    letras=letras.substring(numer
    o,numero+1); if (letras!=letra)
    alert('DNI erroneo');
}
```

7.6. TOOLTIP

Un tooltip es un mensaje que aparece en la pantalla cuando pasamos el ratón sobre algún elemento. En este caso necesitaremos también incluir un CSS aunque, por simplicidad, se incluye todo en el mismo fichero:

```
<html>
```

```
<head>
        <style type="text/css"> #toolTipBox {
                        display: none; padding: 10;
                        font-size: 14px;
                        border: black solid 1px;
                        font-family: verdana;
                        position: absolute;
                        background-color: #00d038;
                        color: 000000;
        }
</style>
<script

        type="text/javasc
        ript"> var
        theObj="";
        function

                toolTip(text,
                me) {
                theObj=me;
                theObj.onmousemove=updatePos;
                document.getElementById('toolTipBox
                ').
                 innerHTML=text;
                document.getElementById('toolTipBox').
                                style.display="block";
                window.onscroll=updatePos;
        }
        function updatePos() {
                var
                ev=arguments[0]?arguments[0]:event;
                var x=ev.clientX; var y=ev.clientY;
                diffX=24; diffY=0;
                document.getElementById('toolTipBox
```

```
                              ').style.top = y-2+diffY+
                              document.body.scrollTop+"px";
                              document.getElementById('toolTipB
                                 ox'). style.left = x-2+diffX+
                                    document.body.scrollLeft+"
                                    px";
                              theObj.onmouseout=hideMe;
                 }
              function hideMe() {
                              document.getElementById('toolTipBox
                              ').style.display="none";

                 }
          </script>
     </head>
     <body>
          <div align="center">
                    <span id="toolTipBox"
                    width="200"></span> <img
                    src="shipping.jpg" width="237"
                    height="197" border="0" onmouseover="toolTip('Rutas
                    de tráfico',this)">
          </div>
     </body>
</html>
```

Su funcionamiento es el siguiente:

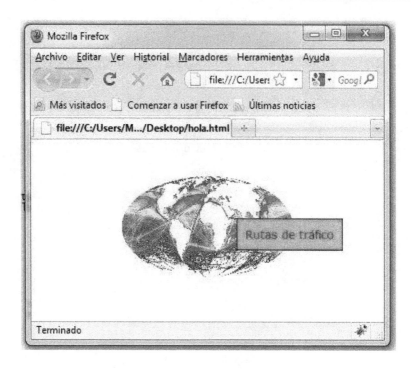

7.7. CALENDARIO

Cuando el usuario debe incluir fechas es una buena idea incluir calendarios. Los calendarios son un elemento muy visual que hace atractiva nuestra página y evita errores del usuario.

Existen varios calendarios ya implementados en JavaScript. Uno de ellos lo podemos descargar de la página: http://sourceforge.net/projects/jscalendar/.

Un ejemplo sencillo sacado del manual de jscalendar es el siguiente:

```
        <html>
                <head>
```

```
                    <style type="text/css">@import
                            url(jscalendar-1.0/calendar-win2k-
                            1.css);</style>
                    <script type="text/javascript"
                            src="jscalendar-1.0/calendar.js"></script>
                    <script type="text/javascript" ç
                            src="jscalendar-1.0/lang/calendar-
                    es.js"></script> <script
                    type="text/javascript"
                            src="jscalendar-1.0/calendar-
                            setup.js"></script>
        </head>
        <body>
                    <form>
                            <input type="text" id="data"
                            name="data" /> <button
                            id="trigger">Ver...</button>
                    </form>
                    <script
                            type="t
                            ext/java
                            script">
                            Calend
                            ar.setup
                            ({
                                    inputField : "data", // ID of
                                    the input field ifFormat :
```

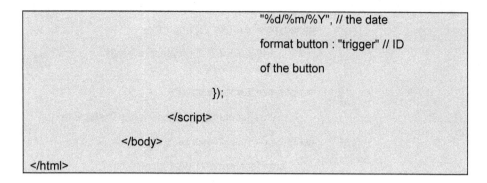

```
                                      "%d/%m/%Y", // the date

                                      format button : "trigger" // ID

                                      of the button

                          });

                  </script>

          </body>

  </html>
```

Lo que genera lo siguiente:

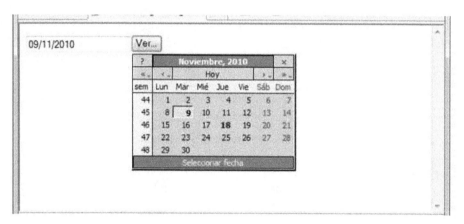

7.8. GALERÍA DE IMÁGENES

Existe una biblioteca de funciones JavaScript muy común llamada LightBox 2 (http://www.lokeshdhakar.com/projects/lightbox2/). Tras descargarlo y descomprimirlo en el directorio de nuestra aplicación podemos usarlo, por ejemplo, así:

```
  <html>
          <head>
```

```
                    <script type="text/javascript"
                            src="lbox/js/prototype.js"></script>
                    <script type="text/javascript" src="lbox/js/scriptaculous.js?
                            load=effects,builder"></script>
                    <script type="text/javascript"
                            src="lbox/js/lightbox.js"></script>
                    <link rel="stylesheet" href="lbox/css/lightbox.css"
                            type="text/css" media="screen" />
        </head>
        <body>
                    <a href="img/1.jpg" rel="lightbox[prueba]"> Imagen
                            muestra Windows 1</a>
                    <a href="img/2.jpg" rel="lightbox[prueba]"> Imagen
                            muestra Windows 2</a>
                    <a href="img/3.jpg" rel="lightbox[prueba]"> Imagen
                            muestra Windows 3</a>
                    <a href="img/4.jpg" rel="lightbox[prueba]"> Imagen
                            muestra Windows 4</a>
                    <a href="img/5.jpg" rel="lightbox[prueba]"> Imagen
                            muestra Windows 5</a>
                    <a href="img/6.jpg" rel="lightbox[prueba]"> Imagen
                            muestra Windows 6</a>
                    <a href="img/7.jpg" rel="lightbox[prueba]"> Imagen
                            muestra Windows 7</a>
                    <a href="img/8.jpg" rel="lightbox[prueba]"> Imagen
                            muestra Windows 8</a>
        </body>
    </html>
```

Si pulsamos sobre un enlace visualizaremos la imagen a ventana completa y podremos navegar hacia adelante o hacia atrás en la lista de imágenes. Podemos ver un ejemplo de la salida del ejemplo anterior en la siguiente imagen:

7.9. OTROS

Existen multitud de páginas que se dedican a recopilar toda clase de recursos JavaScript. Una de ellas es http://www.dynamicdrive.com/, donde se pueden encontrar gran cantidad de recursos ordenados por categoría. Una sección interesante es la de menús.